LAS ENSEÑANZAS DE LOS SABIOS, II

Copyright: Juanma
ISBN: 9798884628908

A todos los Maestros que he tenido, los vivos y los eternos. A todas las personas que lo sois, en el sentido profundo de la palabra.

ÍNDICE

Prólogo *7*

Introducción *11*

Heráclito, en busca del Logos *17*

Platón, fuera de la caverna *33*

Aristóteles, el observador minucioso *55*

Zhuang Zi, el caminante en el Tao *81*

Séneca, el compromiso político *99*

Jesús, el Hermano mayor *117*

Epicteto, el refugio interior *153*

Bibliografía *175*

Agradecimientos *177*

Prólogo

Aun conociendo a Juanma, me pareció un tanto atrevido su empeño. No por dudar de sus capacidades, sí porque me parecía una tarea titánica: atreverse a un nuevo mostrar esos personajes relevantes de la historia, sobre los que tanto estudio y erudición se ha vertido. Lo comentamos a veces, en nuestros casi diarios diálogos a la hora del recreo en el Instituto… Ahora que me ha dejado el libro para mis posibles sugerencias, puedo decir honestamente que este atrevimiento se convierte en un éxito evidente, por su prosa emotiva, vivaz, ligera, grácil y poética, por su ritmo que subyuga desde las primeras palabras. Y lo consigue, impacta, cuenta las cosas desde otro prisma, desde otro sentir. Más vivo, más original, más sobrecogedor, más empático, más carnal, más humano… se nos aparece el sabio visto desde su óptica.

Ateniéndose a un concepto muy amplio de lo que es un sabio y de lo que es filosofía, más que hablar de filósofos, filosofa, y lo hace desde lo mundanal, desde la vida cotidiana de aquellos *sabios* que aportaron mucho a la humanidad, y a él mismo. Es una curiosa y novedosa visión filosófica, que sólo algunos pueden llevar a cabo con acierto y maestría.

Y es de una pluma tan poética, que una se olvida de estar leyendo un texto filosófico mientras va buceando por las ideas profundas, por este intento de acercarse a la esencia de lo que aquéllos han descubierto y mostrado en su obra. Juanma escribe haciendo fácil lo difícil, expresando bellamente esas ideas que son luciérnagas en la noche que nos envuelve. Su decir rememora, probablemente sin pretenderlo, a María Zambrano, aquella filósofa andaluza que hablaba de dos mitades en el hombre: la filosofía y la poesía. Estas dos mitades aparecen delicadamente esparcidas por toda la obra, no como un aderezo para salvar las apariencias, sino como la esencia del propio decir filosófico-poético.

Se da un acercamiento, en primera persona o desde la mirada del hijo o del alumno, a personalidades, no todos filósofos, que le han influenciado, de una u otra forma, en su propio pensamiento, sus ideas, su vida y en su labor docente y filosófica.

¿Y qué podremos leer de novedoso de Platón o del propio Jesús de Nazaret? Podríamos preguntarnos, inicialmente. Podemos percibir esa cercanía y esa "devoción" a lo más mundano y a lo más filosófico de esas vidas. Y podemos encontrar un sentimiento vivo y encendido en su acercamiento a estos sabios, recordándonos esa "carnalidad" que también tienen los "grandes", que ahora vemos como hombres, especiales por su búsqueda y sus hallazgos, hombres al fin.

Así que este libro es apto para los desconocedores de la filosofía, incluso para todos aquellos que pueden llegar a sentir rechazo hacia la misma, porque van a encontrar un acercamiento muy amable y emotivo a esta actividad, junto con la docente, esencial en nuestras vidas de maestros y de personas. También puede aportar a los experimentados en recorrer ese mundo más allá de este mundo, porque la obra les aproximará a una visión dinámica y terrenal de comprensiones filosóficas de gran hondura y relevancia, mostradas en su decir sencillo y asequible.

En este segundo libro dedicado a los sabios, Juanma hace una curiosa selección, comenzando con el oscuro Heráclito, que se vuelve cercano, perdiendo una parte de esa niebla que le envuelve; se acerca a su sentir, acaricia su esencia, recoge su enigmático lenguaje y lo hace accesible, veraz y cautivador. Se atreve después con nuestro querido Platón, del que habla con devoción y al que muestra, creo yo, muy religioso y muy poético, a través de un recorrido muy personal por su historia, que impacta, aun conociendo el camino, porque lo hace más entrañable y auténtico que nunca, parece meterse de verdad en su piel. Continua con su discípulo Aristóteles, que tiene fama merecida de ser de lectura difícil, permitiéndonos compartir sus paseos por el mundo de la vida y el mundo del saber y, como si de cosa banal se tratase, hacemos de su mano un recorrido breve, fácil e intenso por toda una Filosofía con mayúsculas, que cuenta, que alaba, y la enseñanza se hace grácil y plácida en su belleza.

Y como su idea de filosofía es tan amplia, y el estigma del sabio incluye o se asimila al del filósofo, se atreve con Zhuang Zi, acercándonos al Tao, de la mano de su supuesto hijo que cuenta para nosotros y cita, en ocasiones, las palabras que dijera el sabio; impacta por su armonía y delicadeza, por la fluidez del lenguaje, imitación del flujo natural que expresa, algo difícil de alcanzar con estas enseñanzas hondas. Y es que, de repente, parece muy sencillo.

Continua con otros tres hombres influyentes y meritorios: con Séneca, el Joven, al que vemos más carismático que nunca; con Jesús, tan conocido de todos y a la vez tan ajeno; y con Epicteto, mostrado de una manera muy íntima, peculiar y entusiasta. Pero permítanme pararme en Jesús, del que manifiesta una visión atípica e insólita, que muchos no entenderán y que otros disfrutarán, como es mi caso. Y es que da una perspectiva "feminista" de este Maestro por excelencia y de sus enseñanzas, visión que no quiero desvelar porque se me antoja necesaria la sorpresa, que engancha y nos muestra a un Jesús distinto, acaso más real que otros mostrados a lo largo de la historia. El lector tendrá que paladearlo y sacar sus propias conclusiones…

Al contemplar todo el libro en su conjunto sólo puedo concluir que se advierte la experiencia y la erudición, también la admiración, el entusiasmo y el respeto con que traslada su interpretación sobre estos doctos hombres.

La palabra ha cobrado vida y belleza, y aparece preñada de enseñanzas.

Al nadar entre estos sabios se convierte en uno de ellos, aunque no sea su pretensión. Juanma no opinará lo mismo... Pero estoy convencida de que cada persona se va haciendo con aquello que hace... sin duda...

Sofía Gutiérrez Márquez.

Introducción

Dice mi apreciada compañera y amiga Sofía que la Filosofía es un fenómeno occidental. Cierto es, tal como nos enseñan cuando nos topamos formalmente con esta actividad por primera vez. La Filosofía es el fruto de la experiencia y la razón, y nació con la ciencia allá por el siglo VI a. C. en Mileto, la ciudad de Jonia. Estoy de acuerdo con ella desde un punto de vista, éste que, considerándola un preguntar interminable, la asocia al origen de la ciencia. Pero incluso las ciencias son de diverso tipo: formales, cuando se basan únicamente en la razón, como las Matemáticas (así, corrientes filosóficas como el Idealismo, que dejan de lado la experiencia por considerarla engañosa, subrayando que sólo podemos acceder al conocimiento verdadero si nos atenemos a la razón, divina, preeminente entre nuestras capacidades, Platón dixit); o empíricas, como la Física, que poco tienen que decir, en principio, si no se atienen a los datos que le aportan la experiencia o los experimentos (en este caso las corrientes asociadas al Realismo, póngase como ejemplo al sabio Aristóteles). También la Filosofía, a lo largo de su historia, ha hecho hincapié en una u otra de nuestras capacidades para acceder a la Verdad, su inicial fin...

Desde otro punto de vista, esta vez ético, la Filosofía es la búsqueda de la sabiduría, de un saber que no se queda ensimismado en el conocimiento mismo, que tiene sentido si y sólo si se expresa en una práctica y vivencia de vida buscada como feliz. Aquí puede valer la experiencia como punto de partida, o la esencial importancia de la razón o la inteligencia, también la intuición. Pero interesa más la meta: alcanzar el estado de ánimo feliz, con todas las posibles denominaciones que puedan asociársele (ecuánime, sosegado, equilibrado, tranquilo...), la ataraxia de la que hablaban nuestros maestros los griegos.

Si nos atenemos a esta segunda acepción de la Filosofía, es posible incluir entre los Filósofos a personas que han alcanzado ese cierto *estado de felicidad permanente*, en nuestra cultura occidental o en otros lugares del mundo. En el primer libro de la colección incluía a Buda; aquí aparecen filósofos que conocemos como tales y se atienen a las características que, en línea generales, definen a la Filosofía como actividad propiamente occidental tal como acabamos de señalar; también hombres que nos han dejado un saber orientativo hacia regiones de la personalidad que, adentrándose en las profundidades de la conciencia, están más allá de lo cotidiano: Jesús, sobre el que me he detenido en el aspecto ético de su mensaje, o Zhuang Zi (vale nombrarlo también como Chuang Tse).

Hegel, en su Historia de la Filosofía, señalaba a ciertos personajes históricos como *argucias de la razón*, entendiendo que, en la evolución ordenada de la historia, estos personajes especiales han supuesto un paso adelante. Nombra a Alejandro Magno o a Napoleón... Su aparición en la Caravana humana cambió el curso de ésta, es cierto... Me interesan, sin embargo, esas otras personas cuya actividad y legado han supuesto un cambio hacia mejor en la manera de mirar, de entender, de vivirnos como personas y de vivir el mundo.

Esos hombres han aportado brújulas a la Caravana humana, ésta que formamos todos desde que, un día lejano, el primer ser humano se izó sobre sus piernas y comenzó a andar, luego fabricaríamos herramientas, llegamos a dominar el fuego... Ese primer tránsito, esos primeros pasos nos fueron alejando del reino animal a medida que íbamos creando el reino humano... Este reino humano al que pertenecemos se ha ido construyendo con la evolución de la inteligencia, los sentimientos, la conciencia... capacidades psicológicas superiores que nos diferencian de los animales.

¿Hemos dejado por completo el reino animal? No. Y nunca lo abandonaremos del todo, se halla en nuestras células y nuestras neuronas, está enraizado en las partes interiores del cerebro -poseemos el plus que nos hace personas gracias al neocórtex, donde se asientan estas capacidades psicológicas superiores-. Hay instintos e impulsos que, parte irracional nuestra en palabras de Platón o Aristóteles, han de permanecer inevitablemente... Los sabios, tal como los entendemos aquí, nos han dado guías para gestionar esta parte de nosotros mismos, también orientaciones sobre cómo usar nuestras capacidades de cara a una vida buena. Han abierto senderos inexplorados a nuestra Caravana humana.

Los sabios que ocupan estas páginas son Educadores, en el sentido más hondo de la palabra. En su conciencia y su actividad aparece la Enseñanza como un faro que les guía, también que nos ilumina a nosotros, alumnos suyos que, gracias a los vocablos, podemos asomarnos a la orilla del río de sus vidas, tal vez bañarnos en él, si sus decires nos conmueven y provocan en nosotros un impulso hacia la reflexión, si los hacemos nuestros desde palabras, mas sobre todo gracias a las vivencias que éstas atesoran. Decía en el libro anterior que las palabras transmiten luces, son portadoras de significados y vivencias, o llamas que pueden alumbrar aspectos del mundo y de la vida...

Son varios los sabios que aparecen en esta segunda publicación: Heráclito, que polemiza con sus antecesores desde su intuición del Logos universal y el movimiento perpetuo de la Naturaleza; Aristocles, conocido como Platón (el de las anchas espaldas), el discípulo predilecto de Sócrates, que nos muestra en su obra a su Maestro y nos lleva de la mano a un mundo más allá de este mundo, también al sueño de una persona ordenada y feliz viviendo en una sociedad justa; Aristóteles, el alumno por excelencia de Platón, cimentador de la mirada científica en Occidente, y creador de tantas ciencias, cuya visión Política nos acerca por primera vez a la posibilidad real de la democracia; Zhuang Zi, que hemos ido a visitar a China, atravesando tanto espacio y tanto tiempo, para encontrar su mirada limpia y confiada sobre la naturaleza y el hombre (el Tao), y dejarnos llevar emocionalmente por sus intuiciones; L. A. Séneca, nuestro Maestro cordobés, de amplio conocimiento y honda sensatez en su visión del hombre y su lugar en el mundo, del que podemos aprender sobre la importancia del realismo y la aceptación de las circunstancias en nuestra vida; Jesús, el Ungido, el hombre por excelencia, cuyo mensaje y acciones, cuya vida toda (y el más allá de su vida, el informe sobre su resurrección) ha influido tanto en nuestra concepción del hombre y nuestro trato con nosotros mismos, con la trascendencia y con los otros; y Epicteto, constructor de fortalezas interiores, estas que se fundan en comprenderse, comprender el mundo, en aceptarlo...

Cada uno de los sabios que aparecen me han conmovido, cada uno de ellos me ha enseñado. El sentirse conmovido provoca un pararse a meditar que, cuando es detenido, abre la conciencia a dimensiones nuevas. Unos critican las restricciones de la ley cuando ésta ciega o encadena la verdadera naturaleza de la persona, tal es el caso de Jesús o Zhuang Zi. Otros, como Platón, empeñado en descubrir al hombre verdadero constructor de una sociedad justa, termina por establecer una legislación estricta para el buen funcionamiento personal y social. O alguno, como Séneca el Joven, pretende un acceso al hombre auténtico más allá de las convenciones y los engaños con que la sociedad tan a menudo tienta... De todos podemos aprender. Todos pueden enseñarnos...

Aparecen nuestros sabios mostrados por diversos caminos. Heráclito, Platón y Epicteto asoman expuestos por un alumno suyo. Aristóteles y Séneca dejan una semblanza, un testamento personal de sus intenciones a lo largo de la vida y sus logros en el conocimiento. Zhuang Zi aparece mostrado por su hijo, que le percibe también como alumno. Y Jesús aparece gracias a la mirada de María de Magdala, cuyo sincero amor permite una visión nítida sobre el hombre que muestra.

Todos y cada uno de ellos son Maestros. En su vida se da una clara intención de magisterio. Viven en época distintas, y en distintos espacios. Recorriendo los siglos, Heráclito vivió en Éfeso (Grecia antigua) ente los años 540 al 480 a. C., Platón habitó entre el 427 y 347 a. C. en Grecia, especialmente en Atenas; la vida de su alumno Aristóteles transcurre en el siglo IV a. C. también en Grecia, gran parte de su tiempo en la misma ciudad que su maestro. La vida de Zhuang Zi entre los años ¿369-290? a. C. en el estado de Song, uno de los estados chinos en tiempos de la dinastía Zhou. Anneo Lucio Séneca, nacido en la actual Córdoba española vivió en el siglo I d. C, fundamentalmente en Roma. Jesús hizo su vida sobre todo en Galilea y Judea, la actual Israel, fijando su nacimiento el hito de nuestro calendario occidental. Y Epicteto habita en el siglo I d. C. primero en Roma y más tarde en la actual Grecia.

Todos y cada uno de ellos son Maestros, en el sentido profundo de la palabra. Nos han dejado, sobre todo, orientaciones para vivir de una manera más veraz, plácida y lúcida. Siempre aparece previo un saber sobre el hombre y el mundo, luego unas recomendaciones para acercarnos a esta meta que todos buscamos: una vida más plena. A pesar de la diferencia de coordenadas en que transcurre la vida de cada uno, coinciden en su visión del hombre, en el fondo. Son Educadores porque nos consideran mejorables, nos ven con nuestras cualidades y nuestros defectos, nos aprecian en lo que somos y en lo que podemos llegar a ser; su actividad vital e intelectual pretende hacer posible la realización de estas cualidades existentes en toda persona, estas habilidades para vivir y los valores desde los que hacerse...

Salvando las distancias y usando un término occidental, son Maestros éticos. Se preocupan del interior del hombre, de este reino donde se juega nuestra vida, donde habita la verdad y el engaño, donde quedan registrados los aciertos y los despropósitos, donde aparecen las huellas de la insatisfacción o la culpa al lado de la conciencia de lo bien hecho... Hablando a nuestro interior, parece que todos nos envían un mensaje semejante: *Vivir en la mentira es insatisfactorio, incluso dañino para ti. Encontrar la verdad, tu propia verdad es el único camino hacia tu bienestar...*

Este bienestar del que hablan aparece mencionado de maneras diversas: la eudaimonía, la ataraxia, la vida virtuosa, la armonía o la justicia... Hay una línea clara que une unas visiones a otras, unas más intelectuales, otras más intuitivas... Son los caminos privilegiados que han encontrado personas como nosotros para alcanzar... esto que, si lo piensas, es el objetivo último de nuestras vidas...

Sólo esperar, querida lectora (persona), que puedas disfrutar y aprender con estas enseñanzas, al menos tanto como he disfrutado al irlas recogiendo...

Heráclito, en busca del Logos

> *El comprender es la suprema perfección, y la verdadera sabiduría hablar y obrar según la naturaleza, estando atentos (Fragmentos).*

Nació Heráclito, mi maestro, con el estigma de la melancolía. No conocen aún del todo los seguidores de Esculapio el origen de este desorden, ni han encontrado el remedio definitivo… Las personas melancólicas tienen más dificultad para vivir aceptablemente bien su vida, y su tarea es la de Atlas, soportando no el mundo sino las tristes y sediciosas emociones que se suceden en su ánimo.

Nos habló de su infancia, a nosotros, los pocos que, dándonos cuenta de la diferencia entre su imagen pública (aparecía como rebelde ante las convenciones y mentiras tan habituales en nuestra sociedad) y la grandeza de su corazón, y comprendiendo que tras su mostrarse huraño se ocultaba una inteligencia lúcida, un corazón bueno, nos atrevimos a convertirnos en alumnos suyos… No fue fácil. A las personas tocadas por la melancolía suelen tratar los otros, ignorantes, con señales inequívocas de superioridad y desprecio, con temor también… ¡Asusta tanto lo que no se comprende!... Tuvimos que sobreponernos a esos prejuicios…

Lograda por nosotros, los que nos consideramos sus alumnos y compartimos mágicos momentos a su lado, su confianza, a lo largo del tiempo fue mostrando su fondo, dejándonos caer ciertas anécdotas que, intuimos, habían configurado su vida. Podíamos ver en su experiencia al niño sensible incomprendido -la melancolía presupone, nos dijo, una especial sensibilidad para las realidades del mundo y las acciones de los hombres-, golpeado por sus propias vivencias al no poseer aún esa fuerza que nos hace inmunes a las ocurrencias propias y a las agresiones ajenas... No fue fácil su infancia. Menos su ir alcanzando los atributos de hombre, dueño como era de esta sensibilidad finísima.

Tal vez por eso se hizo sabio. Pitágoras, un erudito que no le gustaba mucho, había señalado al hombre como filósofo, a mitad de camino como estamos entre la sabiduría de los dioses y la ignorancia de los animales... Heráclito se sintió filósofo, desde siempre, en este sentido de búsqueda del saber, de su sitio en el mundo, al fin y al cabo. Hubo un momento en que tuvo una intuición: su camino en la vida no podía coincidir con el camino de la mayoría, su alma, sus propias inquietudes le pedían otros ritmos. Esta intuición marcó su circular por el mundo. Dejó de lado muchos de los hábitos que su experiencia le había hecho adquirir, y eligió buscarse, no en los territorios lejanos, allende el mar acaso, sino en su interior. Nos lo dijo un día, este en que, especialmente sensible y sincero con nosotros, sintetizó su dedicación en la vida: *Me he buscado a mí mismo... La búsqueda personal no acaba nunca. Amplios son los confines del mundo, aún más inabarcables los límites del alma, si los tiene.* Esto había descubierto, en sus continuados buceos al interior de sí mismo y su aventurarse por los caminos de la comprensión de la Naturaleza.

Nos contaba que, un día, su padre le acercó a Epidauro donde, basados en la ancestral experiencia con las cualidades medicinales de las plantas y ciertas técnicas de la curación del alma, los acólitos de Esculapio tenían, en los aledaños de su templo dedicado al dios, un centro terapéutico. Le dejó su padre una temporada allí, oída por los sacerdotes la sintomatología de su dolencia y prescrito el inicial tratamiento. Varios meses de atenciones a las recomendaciones sacerdotales obraron en él una clara mejoría, la sonrisa acudía más fácil a su rostro, podía pensar en el pasado sin el tinte pesaroso que nublaba su ánimo y su inteligencia era capaz de imaginar el futuro con una ilusión que tenía casi olvidada... La cura estipulada hacía uso de la dieta, el alimentarse con productos que estabilizaran el cuerpo, su ritmo natural, el ánimo; usaban plantas como la valeriana, la melisa o la lavanda... con las que sus emociones encontraban sosiego; o le sometían a sesiones de hipnosis, de sensibilización a sus vivencias, con el objeto de acercarse a ellas y enfrentarlas; usaban con él técnicas asociadas al descubrimiento del sentido de los sueños y su significado para entender su vigilia; también le ofrecían pautas de vida, ligadas al darse cuenta de sus espacios personales de libertad a partir de sus vivencias, abandonando la presión de las gentes y dándose cuenta de los engaños que aparecían pillos en su conciencia...

Le fue bien, me dice. No encontró la cura de su sensibilidad tan fina, pero sí medios y remedios para vivir sus emociones con la templanza que, según refiere -vemos en él este plácido conducirse entre las circunstancias-, es propia de los sabios. No le resolvió completamente el problema, pero sí tomó conciencia de la importancia de la razón en el desempeño más cierto de la vida.

Vuelto a casa, a Éfeso, donde había nacido y se desarrollaría prácticamente toda su existencia, se dio cuenta de que su manera de sentir, su forma de percibir e interpretar las cosas, la resonancia de los acontecimientos en su ánimo había cambiado. Si no liberado, al menos encontraba en sí mismo espacios de libertad que le iban a permitir este vivir que ha llevado desde entonces, autónomo, haciendo su propio camino en la vida independiente de los caminos trillados... Nosotros hemos de dar gracias por esto... Tal vez sin esos inconvenientes no hubiéramos tenido al sabio... Escribo esto y al poco me arrepiento, mi egoísmo no ha tenido en cuenta su dolor, tal vez él hubiera elegido una vida menos triste, al menos al principio, aunque esta sapiencia que atesora no se hubiera aposentado en su alma... Ya no está, no puedo preguntárselo...

Su familia pertenecía al estrato de la nobleza. Ascendientes suyos habían tenido meritorios comportamientos en la batalla, y cuantiosos beneficios en el reparto de los bienes de los perdedores. Eran terratenientes y cultivaban la tierra gracias a la cohorte de esclavos que les pertenecían: la vid, el olivo, las legumbres, el trigo y la cebada, los árboles frutales; poseían también ganado, acémilas para labrar el campo y el transporte, caballos, cabras y cerdos, y bosques en los que practicar la caza; también negociaban con tino el producto de su cosecha, y el metal de sus minas.

Su padre, Blosón, era basileus (monarca) en la Polis, y le correspondía a Heráclito, como primogénito, heredar el cargo. Ya mi maestro había encontrado la línea a seguir en su vida, y esta no pasaba por la dedicación política. Dejó el puesto a su hermano. Se sentía molesto, además, con los efesios, que habían desterrado a su amigo Hermodoro, como ha dejado escrito en una de sus sentencias. Dice en ella que sus conciudadanos no podían soportar a personas sobresalientes, como era su amigo. Acentúo esto su decisión de no tener tratos con la política, visto que esta es una actividad de hombres mediocres en las aspiraciones del alma. *Los verdaderamente sabios*, nos decía, *se dedican a cambiar el mundo de otras maneras y normalmente evitan implicarse en esta actividad en la que el egoísmo prima tanto.*

Fueron los efesios a buscarle más adelante para ocupar un puesto en el gobierno. Se negó de plano, prefiriendo, les dijo, seguir jugando, en el templo, los juegos de los niños. Nunca entendimos esto, a qué se refería y, tal vez por timidez, no se lo preguntamos nunca... Hablaba tal vez de mantener la inocencia en la mirada del mundo y la vivencia de sí mismo...

He de contar una anécdota que da una idea de su forma de ser en este aspecto. Le pidieron sus conciudadanos que hablara sobre la paz, cómo lograrla, vistas las continuas guerras siempre presentes entre las Polis o los imperios. Subió al estrado y no dijo nada. Pidió un vaso de agua fría en el que echó harina de cebada y un poco de menta, que removió a la vista de todos. Levantó el vaso y, bebiéndolo, se marchó tan campante. Quedaron los oyentes en puro desconcierto. Gritos primero, rostros absortos, algún enfado, insultos. Le llamaron los organizadores para que subiera de nuevo. Hubo de aclararlo: la guerra viene de la ambición, si los Estados se mantienen con lo que poseen sin pretender inútiles riquezas, la concordia se mantendría siempre...

Vino a buscarle también un enviado de Darío, el rey de Persia, y también se negó, aduciendo que sus intereses estaban en otros asuntos, estos de encontrar el sentido de la naturaleza y el camino mejor para vivir su vida, tal vez indicaciones para orientar de otra forma las vidas de los hombres.

Me confesó que no tuvo Maestro, en el sentido de alguien que te va guiando por los vericuetos del aprendizaje e influye en ti de manera evidente. Fue autodidacta. Hay quien dice que fue alumno de Jenófanes, y es cierto que tuvo trato con él, pero nunca consideró significativo el saber que este enseñaba. Es cierto que tuvo muchos maestros, pero pocos con mayúsculas; apreciaba especialmente a sus pedagogos primeros, éstos que le enseñaron los rudimentos de la lengua y el arte matemático. Éstos, decía, habían sembrado en su alma las herramientas para conocer, y esta cualidad a la que daba preeminencia para el progreso en el entendimiento de los entresijos del mundo: la curiosidad.

Su padre se preocupó de su aprendizaje. Un tanto por egoísmo, éste de que le sucediera en el cargo; tal vez porque quería que su hijo desarrollara aspectos de sí mismo que las circunstancias no le había hecho a él factible. Le facilitó los maestros, y también le proporcionó el acceso a cuanta palabra escrita le solicitaba, normalmente en rollos de ese material, el papiro, que hace fácil la anotación, también el transporte. Casi sin darse cuenta, llegó a tener en sus estancias numeroso rollos, que había leído en casi todos los casos con detenimiento.

Pudo aprender, sobre todo, a tener su punto de vista. Su fina inteligencia reflexionaba sobre los temas que leía, y aceptaba tan solo aquellos que le mostraban una realidad evidente. No le gustaban las enseñanzas que transmitían los que nosotros, los griegos, consideramos nuestros maestros primeros, Homero y Hesíodo, a los que encontraba muchas inconsistencias. No le gustaban las teorías de Pitágoras o las de Parménides, entendiendo que su erudición no iba acompañada de una interpretación sensata de la realidad del mundo ni de la realidad del hombre.

Nos dijo que siempre se ha considerado una persona solitaria. Le dolía al principio, cuando las necesidades del niño acucian y busca el cariño y el reconocimiento entre los suyos, ese sentido de pertenecer tan necesario sobre todo en esta época primera de nuestra vida. Cuando fue creciendo -su visita a Epidauro y sus consecuencias tuvo mucho que ver según nos refiere- fue encontrando satisfacciones que, si no habían aniquilado del todo estas necesidades (es imposible), le permitían vivir en una tranquilidad que nosotros entendíamos, legos en el oficio de vivir aún, envidiable.

Fue importante su vocación de hondo, él lo decía con otras palabras, su deseo de conocer el mundo, ese anhelo que ocupaba su ánimo como una pasión, como un hambre, con esa sensación de vivir no aprovechando el tiempo, esa intuición de que debía dedicarse a la reflexión y al estudio. No de otra

manera podía acercarse al conocimiento de la naturaleza, del hombre; más si, como decía, *a la naturaleza le gusta ocultarse.*
- *¿Qué significa eso?* -le pregunto Arquitas
- *Vemos la superficie de la naturaleza, los sucesos que ocurren en ella, pero hemos de detenernos a comprender qué sucede realmente, qué procesos subyacen a todo lo que ocurre, si hay un orden, un diseño, fuerzas que actúan produciendo todos esos sucesos, todos esos cambios que percibimos.*
- *¿Y crees que tenemos acceso a este orden?* -volvió a preguntar el mismo
- *Estoy convencido... Tal vez no del todo, tal vez no en esta época que vivimos, tal vez no todos los hombres, pero sí estamos dotados de las capacidades que pueden permitirnos comprender.*
- *¿La razón?*
- *Sobre todo la razón. Estamos emparentados con la Razón que rige el Cosmos. Nuestra razón es una chispa de esa Razón.*
- *¿Los dioses?* -pegunté
- *No tal como los entendemos tradicionalmente, no estos dioses demasiado humanos que nos han presentado Homero y Hesíodo. Yo diría que el Dios. Pero un Dios bien distinto de estos dioses que la mayor parte de los hombres temen, a los que adoran con rituales y presentan ofrendas que son como chantajes. Realmente es bien difícil de explicar... No sé si tenéis claro qué es vuestra razón. Forma parte del pensamiento. Vuestra razón es esta capacidad que compartimos todos los seres humanos de comprender los sucesos, sus causas, de acercarse a lo invisible que subyace a lo que perciben nuestros sentidos, de entender nuestras experiencias y encontrar su sentido; también nuestra capacidad para poner coto a los*

impulsos, a las irracionalidades que pretenden de continuo el caos en nuestra vida... Si tenéis claro qué es vuestra razón, podéis imaginar una Razón que gobierne la Naturaleza, de la que depende el orden de todos los fenómenos que ocurren en ella, incluso este orden que explica la composición de los seres. A esta Razón me refiero cuando hablo del Dios.
- *¿Cómo si la hubiera diseñado? -preguntó Pérdicas.*
- *Como si la hubiera diseñado. Pero no podemos asegurar que ha sido la responsable del diseño, sí podemos afirmar que el diseño existe, tal vez desde siempre, desde que un día la materia caótica original se convirtió en el Cosmos, esta Naturaleza que podemos contemplar, e intentar comprender, ahora.*
- *Si podemos contemplar, quiere decir que solo podemos conocerla con el concurso de nuestros sentidos... -volvió a la carga Pérdicas.*
- *Cierto. Sin nuestra experiencia es imposible, ella nos ofrece los datos que nuestra razón ha de descifrar. Esta compresión solo es posible por la razón, que pone luz donde nuestros sentidos ven solo sucesos, que ponen entendimiento donde nuestros sentidos se mueven entre las sombras de lo que simplemente ocurre...*

La razón universal -nos decía-, el Logos en nuestro lenguaje, establece las pautas del funcionamiento del Cosmos. Éste aparece como un suceso continuo, un continuado cambio: el día y la noche, las estaciones, que podemos ver en la evolución de los frutales, por ejemplo, a lo largo del año; también podemos percibir el suceso de nuestras vivencias, cómo pasamos de la alegría a la tristeza, de la ilusión a la desesperanza, de la actividad a la pasividad, del agradecimiento al rencor... El Logos no rige directamente cada *uno de los cambios de nuestro ánimo, pero sí los cambios que se producen en la Naturaleza, siempre según ley.*

En el balance de la Naturaleza impera la justicia, o el equilibrio, entre el dar y el recibir, entre el ganar y el perder (Debo reconocer que esta expresión no pude entenderla del todo hasta pasado un tiempo, cuando pude progresar en el conocimiento de su visión del mundo. Debo reconocer que algunas de sus expresiones tenían un estilo críptico: él sabía qué quería expresar, nosotros nos quedábamos embobados, a veces, en la incertidumbre de su significado) …

Hubo un momento en que abandonó la casa, mansión más bien, en que vivía con sus padres. Y se decidió por una vida solitaria, ocupando una cabaña en las cercanías del templo de Artemisa, alimentándose de lo que daba la tierra -frutos secos, raíces, frutas o bulbos-, y otros alimentos que le acercábamos los que empezamos a ser sus seguidores. Centró a partir de este momento aún más su interés en el estudio, en la lectura de los escritos de los sabios que podía conseguir por mediación de los suyos, también los que podíamos ofrecerle nosotros, y en la observación de los fenómenos naturales.

Así pudo constatar la importancia de los cuatro elementos en la composición del Cosmos, algo que ya venía intuido en los mitos. Pero se dio cuenta de que el elemento fundamental es el fuego, viendo la importancia del sol para todos los procesos de la vida, y la inmensidad de las estrellas en el firmamento. Decía que a partir de este elemento fundamental se iban originando los restantes, a través de un camino ascendente y descendente, el aire, el agua y la tierra.

Consideraba evidente ya la realidad del cambio. *Todo cambia, todo pasa* -decía-. *No puedes bañarte dos veces en el mismo río. El agua pasa, sigue su curso, su ciclo, el río es este flujo de agua distinta.*

Había entendido el cambio originado en el fuego. Había comprendido también que todo el curso de los fenómenos estaba ordenado según leyes que provenían del Logos. Tenía claro el equilibrio, el orden que siguen todos los sucesos naturales. Le faltaba algo. Se detuvo durante un tiempo. Tenía las observaciones. Tenía los conocimientos. No terminaba de encajarle del todo su visión, la notaba incompleta.

Polemos (la guerra, la discordia). ¡Eso es!... La armonía o la justicia se establece a través de la lucha. Ya desde muy antiguo, incluso en los mitos, se hablaba de los contrarios, de los elementos opuestos de la realidad, en perpetuo enfrentamiento. *La lucha de los contrarios origina los cambios, todo el suceso natural es una lucha de contrarios.*

Le preguntamos. No terminábamos de entender del todo. Sí podíamos ver qué son los contrarios. Está claro que existe la luz y la oscuridad, lo seco y lo húmedo, lo dulce y lo agrio, el amor y el odio, lo dulce y salado... Pero algo debe existir que produzca esos elementos contrapuestos. Lo dulce y lo salado son cualidades de los alimentos para el paladar. La luz y la oscuridad son cualidades de los elementos para la vista... Algo debe existir que produzca esos contrarios. Le preguntamos.

Volvió a hablarnos del sol. *Gana a la oscuridad cuando aparece cada día. Gana a las nubes y, por tanto, a la humedad cuando está presente. Gana al frío siempre, sobre todo cuando aparece en disposición recta respeto a nosotros. En la Naturaleza todo funciona por exceso y defecto, buscando el equilibrio. La misma composición de la Naturaleza está hecha de contrarios... Sí existen causas para que se den, podemos verlo en los fenómenos que tenemos cerca, en el fuego que se alimenta de la materia inflamable, en el agua que detiene el fuego, en la tierra que cerca el agua... Sobre todo, podemos verlo en nosotros mismos, una muestra más de la Naturaleza, en el funcionamiento de nuestra alma.*

Nuestra alma es una exhalación seca. Es una manera de hablar de esto invisible que escapa a nuestro entendimiento, es más fácil explicar lo invisible gracias a lo visible, lo incomprensible a través de lo que comprendemos. Nuestra alma es aire cálido, invisible sustancia que no podemos asir. En ella se sucede esta lucha de que hablamos, en ella podemos observar una analogía del funcionamiento natural. Estamos ocupados por vivencias que van y vienen, este flujo permanente que es nuestra vida… Empecemos por el cuerpo primero, será más fácil. Hambre y saciedad aparecen en nosotros mostrándonos el estado de necesidad o satisfacción de nuestro cuerpo. Vigilia y sueño se alternan mostrándonos nuestra vitalidad o necesidad de descanso. Y del suceso ordenado de estas sensaciones existe en nosotros la salud y el orden… Con nuestras emociones sucede lo mismo. Aparecen para mostrarnos siempre, guías de nuestra conducta, guardianes de nuestro acierto o no en el camino de nuestra vida, en las decisiones que tomamos. Aparece en nosotros la felicidad asociada al amor, indicándonos que el sentido profundo de la vida se halla asociado a este sentimiento, o el desorden emocional asociado al odio, para informarnos de que esa ruta nos lleva al precipicio, a la insatisfacción vital, a la melancolía. Aparece en nosotros la ilusión que activa nuestra energía para lograr objetivos, frente a la desesperanza que nos encierra en la imposibilidad, en el desánimo. Aparece en nosotros la alegría, indicándonos que nuestros actos o logros son verdaderos -no confundáis la alegría con la risa, aquella es más profunda y dice del contacto verdadero con nosotros mismos, del nuestro acierto siguiendo la ruta de la razón -, o la tristeza que nos avisa de los errores o las pérdidas….

En el caso de las emociones, todas tienen un sentido, todas portan una indicación que darnos. Opuestas a pares, son las brújulas que nos orientan en la vida, más allá o más acá de

las normas que pone la sociedad y sirven para educarlas... Podíamos preguntarnos de dónde vienen las emociones...
- ¿Y cómo gestionarlas? -preguntó Arquitas.
- La dualidad de las emociones, la bipolaridad en el Cosmos, es una realidad. Los sucesos ocurren naturalmente, pero procuramos controlar el fuego para que no se extienda arrasando con todo a su paso, o ponemos barreras al agua para que no ocupe espacios dañándonos. Hemos domesticado el fuego, y un poco hemos domesticado el agua con nuestros barcos o los puentes que nos permiten cruzar los ríos. En el caso de nuestras emociones es semejante. Hemos señalado muchas veces que nuestra razón es una chispa del Logos que rige el universo. Este, como tal, pone orden que es justicia, en el Cosmos que cambia por esta lucha de contrarios de manera ordenada, equilibrada, te doy y te quito podríamos decir... En nuestro caso la razón tiene encomendado un encargo parecido: poner justicia en el conflicto de nuestras pasiones.
- En teoría está bien, pero en la práctica... -intervino Pérdicas.
- En el Cosmos se da la justicia, el orden. Este es el cometido de la razón en nosotros. Ya tenemos el objetivo: encontrar la justicia, la armonía dentro de nosotros mismos, el sosiego entre las emociones contrapuestas que aparecen en nosotros. ¿Cómo se logra? Dejándolas existir, dejándolas que se expresen...
- Si las dejamos expresarse, nuestra vida se convertiría en un caos, un dejarse llevar por impulsos que nos volverían locos...
- Dejar que se expresen quiere decir atenderlas, reconocerlas, darles su sitio; nunca alimentar aquellas emociones que nos llevan a la insatisfacción o la

tristeza. Sí alimentar las contrarias, estos sentimientos que nos acercan a la alegría, a la felicidad verdadera.
- ¿Y cómo controlamos las emociones negativas? -preguntó de nuevo Arquitas
- Dejándolas estar, dejándolas pasar, sin dejarse invadir por ellas, cubriéndolas con el manto de la templanza, de la indiferencia, envolviéndolas en la nube de la no acción del cuerpo y la mente, dejándolas pasar como aguas de ese río en el que no podemos bañarnos dos veces.
- ¿Y qué hacemos con las emociones contrarias, las positivas? -pregunté.
- *Identificarnos con ellas. Haciéndolo crecemos.* Dejarlas desarrollarse dentro de nosotros mismos, centrar nuestra conciencia en ellas para asimilarlas como asimila nuestro cuerpo el agua cuando está sediento... Las emociones van y vienen, pero podemos dejar que crezcan más aquéllas que nos permiten vivir mejor, más siendo nosotros mismos... Nos damos cuenta del suceso de las emociones en nuestra conciencia. Nos damos cuenta de que todas nos guían, unas son dañinas si les damos espacio, otras son benignas si les permitimos vivir... No podemos matar nuestras emociones, sin emociones no somos hombres. Démosle a cada una su sitio, su importancia...
- *El objetivo es la ataraxia...* -volvió a intervenir Arquitas.
- *El objetivo es que nuestra vida suceda a imitación del Cosmos, inmersa en la armonía que subyace a los contrarios, ordenada en sus movimientos...*
- El orden...
- Eso es, el equilibrio en todos los aspectos, como es equilibrado el funcionamiento de la Naturaleza...

Normalmente, tras estas conversaciones permanecíamos en silencio. Nos habló más de una vez sobre la importancia de este no decir. Haberse dado cuenta de su trascendencia le condujo también a la vida que llevaba. Hacía hincapié porque del silencio salen todas las palabras y todas las acciones; solo en el silencio es posible que nuestra razón conecte con la Razón que rige el Cosmos; solo en el silencio es posible escuchar qué vivencias pugnan por expresarse en nosotros y alcanzamos la fuerza para dejar que se expresen y la claridad para colocar cada una en su sitio. Decía que el silencio interior es el objetivo. En el silencio las ideas y las emociones se van calmando, dejan de aparecer como caballos desbocados, y su sucederse que se hace más lento se acompasa a la armonía, como sucede con todos los fenómenos en el Universo.

Tenía Heráclito, mi maestro, interés en el desciframiento del Cosmos. Era consciente de las pobres herramientas con que contamos, más allá de la razón que, por su parentesco con el Logos, puede acercarse a las leyes que este ordena, más allá de los sentidos que nos informan de los acontecimientos externos e interiores.

Tenía Heráclito, mi maestro, interés en el desciframiento del Cosmos, pero su interés se hallaba más en la comprensión del Universo interno, nuestra persona, nuestra alma, en cuyo conocimiento y el seguir sus orientaciones se halla el éxito o el fracaso en la vida.

La realidad es una lucha permanente. Entiendo que le poseía la razón al afirmarlo. También estoy convencido de que todo su empeño vital consigo mismo, con nosotros más tarde, era aprender a vivir esta lucha como un juego. *La vida es un niño que se divierte moviendo fichas en el tablero: es el reino del niño* -nos dijo con su lenguaje críptico.

Mi maestro lo había logrado. Su innata melancolía se había ido convirtiendo en el templado ánimo que le conocimos más tarde, asimiladas a conciencia estas intuiciones sobre el funcionamiento del mundo y de la vida.

Termino esta breve memoria con algunas de las frases que han quedado grabadas en mí especialmente. Tienen que ver con todo lo que aparece escrito antes. Ahora te dejo, querido lector, que descifres su significado por ti mismo, tal vez se ilumine alguna zona nueva en tu conciencia:

El carácter es para el hombre su daimon (su destino)...

No es lo mejor para el hombre que se cumplan todos sus deseos....

La experiencia de la realidad inmediata es el valor supremo, y la auténtica sabiduría consiste en decir y hacer lo que es verdad, habiéndolo aprendido desde la cuna...

Ojos y oídos son testigos perversos para la gente de carácter grosero...

Con respecto a las realidades verdaderamente importantes no habrá que precipitarse a expresar los propios presentimientos...

Es difícil luchar contra la vehemencia de la pasión; de hecho, esa actitud le llevará a lograr cualquier objeto de deseo aun a precio de la propia alma...

Platón, fuera de la caverna

> *Siendo hijo, pues, de Poros y Penía, Eros se ha quedado con las siguientes características. En primer lugar, es siempre pobre, y lejos de ser delicado y bello, como cree la mayoría, es, más bien, duro y seco, descalzo y sin casa, duerme siempre en el suelo y descubierto, se acuesta a la intemperie en las puertas y al borde de los caminos, compañero siempre inseparable de la indigencia por tener la naturaleza de su madre. Pero, por otra parte, de acuerdo con la naturaleza de su padre, está al acecho de lo bello y de lo bueno; es valiente, audaz y activo, hábil cazador, siempre urdiendo alguna trama, ávido de sabiduría y rico en recursos, un amante del conocimiento a lo largo de toda su vida, un formidable mago, hechicero y sofista. No es por naturaleza ni inmortal ni mortal, sino que en el mismo día unas veces florece y vive, cuando está en la abundancia, y en otras muere, pero recobra la vida de nuevo gracias a la naturaleza de su padre. Mas lo que consigue siempre se le escapa, de suerte que Eros nunca ni está falto de recursos ni es rico, y está, además, en el medio de la sabiduría y la ignorancia"* (Platón, El banquete).

No me gustaría, aun este escrito que dejaré, para posible provecho vuestro, salir de mi anonimato. He tenido la suerte de formarme en la Academia, casi desde que la fundó Platón y hasta que su sobrino Espeusipo fue nombrado director al volar el Maestro, su alma, al mundo de las Ideas.

En el trato, relativamente cercano, que tuve con él he podido acceder a sus pensamientos -creencias más bien, pues lo que pensaba recorría en forma de vivencias cuerpo y alma- más allá de las palabras que aparecen en sus obras o alguna interpretación que pueda salir de algunos de sus alumnos presentes o futuros.

No hay enseñanza que pueda igualar a la transmisión directa. Nos hablaba el maestro de sus dudas acerca de la conveniencia de expresar por escrito sus intuiciones, evidencias algunas, sobre el hombre y el mundo, o los mundos -como decía-. Tenía sus prevenciones; Sócrates no escribió nada; escribir facilita, señalaba, acceder a los saberes guardados en la memoria que se ha hecho externa, pero tiene el inconveniente de dejar la memoria perezosa, confiando el saber a la palabra escrita.

Platón era un hombre de palabra, de diálogo quiero decir, y en sus conversaciones con otros, interesado en el descubrimiento de los hilos del tapiz que forma el hombre en todas las relaciones consigo mismo y el mundo, fue decantándose por una decisión. Está bien la palabra oral para la comunicación presente, con los hombres y mujeres cercanos; pero queda reducida la expresión del saber a escaso espacio. Por esto, y por su ansia de enseñante -debemos agradecérselo-, eligió dejar constancia de sus saberes en papiro. Sí es cierto que optó, como seguro conocéis, por la forma de diálogo, con toda la intención. En el diálogo queda siempre la respuesta un tanto abierta, no definida del todo ahora ni para siempre, aunque lo diga Sócrates, el protagonista de la mayoría de ellos. Los diálogos, decía, son la manera más viva de representar el flujo constante del saber que no es sino un reflejo del fluir mismo que define la vida en este mundo. En esta forma dramática de exponer el conocimiento, los caminos que conducen a él, también es posible acceder a la Verdad, una Verdad más allá de esa verdad que se diluye como los objetos dejan de existir para nuestros sentidos cuando dejamos de verlos.

Decidió escribir, teniendo claro que sólo tiene validez la escritura si el autor expresa con la máxima precisión en la palabra las luces que ha podido alcanzar en su deambular por esta realidad de sombras. Decía también -se lo oí repetir en más de una ocasión- que no todo puede expresarse en los signos, siempre queda una parte del saber verdadero accesible tan sólo gracias a las explicaciones orales del maestro o en la reflexión íntima del lector, silenciosa, intuitiva.

Cerca de Atenas había unos jardines, los de Academo, bellísimos y recinto de antiguos cultos a los dioscuros, a Prometeo o Dionisio. Los adquirió el maestro por tres mil dracmas. Y en ellos creó una escuela, la Academia, semejante en la organización a la escuela pitagórica, fundada incluso con intención análoga. Los saberes que se impartían, supongo, los conocéis todos: música, astronomía, matemáticas, gimnasia, dialéctica... todos orientados a encontrar la justicia en el alma, también en el Estado. Los pitagóricos se implicaron en la vida pública en Síbaris y en Crotona, también Platón hizo lo propio, de otra forma que podemos ver un poco más adelante...

En la Academia había conocimientos considerados esotéricos, también como en la escuela pitagórica, para iniciados en los misterios del saber que había logrado el maestro, el cisne elegido por los dioses, y cercano a Apolo -esto cuenta la leyenda-. Estos conocimientos pueden entreverse atravesando los diálogos, sólo implícitos en muchos casos...

Hay hombres que nacen con una inteligencia especial, con un ansia insobornable de armonía. Pertenece Platón a este grupo elegido. Ya desde pequeño, sus pedagogos vieron en él un espíritu despierto, sensible a todos los saberes, permeable a las enseñanzas. Un niño con estas cualidades necesita alimento, y sus padres, primero Aristón y luego Pirilampo, que casó con su madre al morir Aristón, se ocuparon de ofrecérselo. Saben ustedes que los ciudadanos de su categoría, aristócratas, emparentados en su caso con grandes personajes de la historia ateniense, se preparan desde pronto para la ocupación pública. Pirilampo, amigo de Pericles, se ocupó de su educación, orientada a las ideas democráticas.

Platón, mi Maestro, de mirada espiritual amplia, experimenta la inquietud por el buen gobierno como una vocación. Las circunstancias que vive, sin embargo, no son las más propicias para alguien que, más allá del poder y la influencia, se siente habitado por un deseo de justicia más profundo, más cierto. Recién acabada la Guerra del Peloponeso, con victoria espartana, los vencedores imponen un gobierno tiránico, del que son parte sus tíos Cármides y Critias; sin participar (le hubiera sido imposible, vista su manera de entender la política), observa los crímenes muchos y abominables contra los demócratas, los destierros; al poco se reinstaura la democracia y estos, antes perseguidos, van a perseguir y tratar con más saña si cabe a los anteriores gobernantes; Platón, de corazón amplio y mirada más honda, no lo entiende. No puede comprender tampoco el terrible asesinato de su maestro Sócrates durante el gobierno de los demócratas.

Conoció a Sócrates ochos años antes. Y le impresionó, como solo puede emocionar quien atesora la Virtud al hambriento de una manera de vivir más hondamente justa. Hablaba Sócrates, en su defensa, aquel fatídico último día del juicio, de su dedicación a la Polis intentando despertar el deseo de Bien en los ciudadanos, y el deseo de alcanzar por este medio un gobierno justo. Esta ocupación de Sócrates que aparece en todos los momentos de su vida, en todas su palabras y silencios, le cala el alma. Va modelándose más finamente en su conciencia el Político que Platón desea, que espera ver, hacia el que va a dedicar la mayor parte de los esfuerzos de su obra, de su vida.

Cierto es también que abandona la política activa… en Atenas. Va formándose su idea sobre el gobierno de la Polis…

Nos habló sobre su viaje a Egipto. No es extraño que muchos filósofos acudan al país del Nilo a nutrirse de sus saberes; se han detenido los egipcios durante muchos siglos a estudiar las matemáticas, el cuerpo humano y los caminos acertados del alma en nuestra vida, creyendo en su decurso posterior por ese mundo más allá de este.

Nos habló sobre su viaje a Tarento, donde conoce a Arquitas, el pitagórico. Recuerden que Pitágoras había organizado su comunidad para el estudio del Cosmos, cuyo arjé asocia a los números, pero más para el crecimiento personal, para la elevación del alma. Aquí se le encendió el sueño que sería un día, no mucho después, la realidad de su Academia.

Antes había recibido clases de Crátilo, este filósofo adscrito a la doctrina del sabio Heráclito. En realidad, en su educación, preocupada personalmente por la verdad del Cosmos y el gobierno justo, ha conocido las teorías de todos los filósofos que le anteceden, y se ha relacionado en vida con sofistas importantes. Plantear una teoría completa, como hace Platón, no es tarea de un día, tampoco sirve una visión parcial del mundo; hace falta conocer muchos puntos de vista, detenerse a reflexionar sobre ellos, ir puliendo las aristas de aquellos aspectos que no encajan en esa mirada íntegra que pretende…

En el año de la 98ª Olimpiada funda la Academia… No éramos muchos los que vivíamos en los recintos, compartiendo alojamiento, enseñanzas, comedor… como amigos guiados por este hombre sabio. Dijo Platón alguna vez que el clima de amistad es el más propicio para el progreso del saber. He señalado ya las materias de estudio. Sí quiero hacer hincapié, así pase con claridad a la historia, en la importancia suprema de la dialéctica. Puedes tener claro cómo la practicábamos leyendo alguno de los diálogos del maestro, por ejemplo *La república*, el que decía su libro más importante. Es el diálogo dialéctico, gracias al cual íbamos aprendiendo de una manera más vital que el aprendizaje por una simple exposición de ideas. A base de preguntas que hacíamos, o hacía, nos iba encaminando a la comprensión del Cosmos, más a la comprensión del hombre y la orientación de su vida personal y social, objetivo de toda su filosofía.

No sé si se llegará algún día a una visión de la filosofía centrada sólo en el conocimiento, y no en su aplicación a la vida. En nuestro caso, y entiendo que debería seguir siendo así siempre, todo saber tenía sentido sólo si servía, nos servía, para enraizarnos más en el mundo, si nos acercaba a una manera de vivir más ecuánime, más plena, más feliz, al fin y al cabo.

Daba el maestro especial importancia a las matemáticas, por sí mismas y como medio de acceso al otro mundo, al Mundo verdadero donde ubicaba el origen del Cosmos y también del alma. Las matemáticas permiten, decía, captar la estructura de los objetos, la estructura del Universo. Señalaba que el Mundo, los objetos que lo componen, está formado de los cuatro elementos: la tierra, el fuego, el aire y el agua. Y asociaba, como ya hiciera Pitágoras, estos elementos a los cuatro poliedros regulares. Dejaba el dodecaedro, el quinto, para la composición del cielo, para representar el éter... También gracias a las matemáticas desarrollamos la inteligencia, y podemos acercarnos a vislumbrar ese Mundo eterno, origen del que ha salido el diseño de este... La dialéctica permitirá recorrerlo con detenimiento. Este mundo verdadero, arquetípico, eterno es, en sus palabras, el Mundo de las Ideas. Pensaba el maestro en un artesano divino que, a partir del caos original, había formado este mundo, que empezamos a conocer más hondamente en su origen y su orden, donde transcurre esta vida nuestra.

Cuando le preguntamos la relación de la Ideas con el Cosmos, decía que eran el Plano o Modelo, o Arquetipo que había servido de referente para la construcción de aquel. Señalaba que el Mundo de las Ideas es eterno, inmutable, inteligible; eterno en el sentido de atemporal, en tanto se halla en otra dimensión distinta a esta que habitamos donde Cronos impera sobre todos los seres, y todas las experiencias, esta dimensión donde se da el nacimiento y la muerte; señalaba que era inmutable el Mundo origen, en tanto no cambia, en tanto las Ideas permanecen siempre iguales; inteligible, pues solo podemos acceder a conocerlo mediante los ojos de la inteligencia. ¡Qué difícil de entender! Nos daba razones de nuestra dificultad enorme para comprender esta realidad, la verdadera realidad para él... Aun así, a mí, al cabo de tantos años, me cuesta. Mi inteligencia se declara incompetente para acceder a ese mundo invisible tan distinto, tan distante al nuestro este cotidiano. Pude acercarme un poco asociándolo al mundo de los dioses, un mundo ajeno al nuestro, al Logos de que hablara Heráclito, al Nous a que hacía referencia Anaxágoras, a esa Unidad de que hablara Parménides... Acercarme... ¡Cuesta tanto acceder a realidades que escapan a nuestros sentidos! Por eso la importancia de las matemáticas, nos decía tantas veces... Nos acercamos a comprenderlo... Aun así, sólo nos era posible asimilarlo en lo profundo, en el fondo del alma, en el asentimiento y el silencio, como una intuición sin palabras, sin nombre...

Recuerdo ahora cómo pude entender el mundo de las Ideas, y su relación con este nuestro gracias a uno de tantos diálogos que establecía en la clase o establecíamos nosotros con nuestras preguntas...

- *Dices que las Ideas son el plano o el modelo a partir del cual ha sido construido nuestro mundo, casi como el plano del arquitecto muestra en unos trazos el edificio que se va a construir siguiendo sus detalles. Pero dices también que las Ideas son únicas frente a la multitud de seres que se crea con cada una o tienen esa característica expresa la Idea. No entiendo del todo...* -intervino Aristón.
- *Pensad en la primera mesa que ideó un carpintero. Pensad que en su cabeza la pensó perfecta... Casi puede decirse que esa mesa ha sido el modelo para todas las mesas que, a lo largo del tiempo, hemos ido construyendo los hombres. Pensad... Es la misma mesa en esencia y... ¡cuántas mesas posibles y distintas se han hecho o se harán con ese molde!* -respondió el Maestro.

Usaba mitos para facilitar nuestro acceso a la Realidad, a las Ideas, que nombraba de diversas maneras: lo Bello en sí, el Bien, la Unidad... El mito de la caverna ayudaba, y mucho. Plasma en él una imagen del hombre, una imagen del mundo. Esto nos lo contó luego, tras tiempo de formación en la Academia, cuando nos entendía aptos para acceder al significado profundo que portaba. Era amigo de los mitos, decía que muchos ocultaban una sabiduría que es posible descifrar bajo la narración. Por eso le gustaban, se expresaba también en ellos su alma de filósofo y poeta, usarlos, primeros o complementarios acercamientos a lo Otro, como llamaba también a veces al Mundo original, eterno.

El mito de la caverna es, quizás, el más sabio de todos los que ideó con el deseo de transmitirnos sus descubrimientos, sus evidencias filosóficas. Nos dijo que se le había ocurrido como imagen de nuestra situación en el Cosmos, también del proceso educativo hacia la sabiduría, y del decurso del alma, encerrada en la estrecha y opaca concha que es el cuerpo.

Nos propuso que imagináramos hombres encadenados en el fondo de una cueva. Encadenados e inmovilizados desde su nacimiento, sólo podían dirigir su vista hacia el frente, hacia el fondo. Veían pasar sombras de diversos objetos por esa pared mirada, y escuchaban voces que surgían desde ahí mismo. Son como nosotros, decía... Y dejaba un tiempo para que pudiéramos visualizar claramente esa imagen.

Detrás de esos hombres hay una colina, y en el borde de ésta un biombo. Pasa detrás del biombo un camino elevado, por el que caminan hombres con figuras de animales, plantas, hombres... en la cabeza, de diversos materiales, Solo estas figuras sobresalen del biombo. Un fuego detrás, en la misma colina, un poco más alto, las refleja en el fondo de la caverna, las mismas que ven como sombras los hombres encadenados.

Uno de los prisioneros es liberado. Se le obliga a subir una cuesta hacia lo alto del promontorio. Al llegar, el fuego le encandila. Luego puede ver a los hombres que llevan las figuras, y el fuego. Se siente extrañado ante esta nueva realidad, acostumbrado como está a ver tan solo sombras, las sombras de esos objetos que portan los caminantes.

Se le obliga a subir otra cuesta, hacia la salida. Al llegar al exterior se siente más deslumbrado. Cierra los ojos, primero; luego mira el suelo, donde observa las sombras de los seres que pueblan este espacio, también sus reflejos en el agua. Acostumbrada la vista, mira lo que le rodea. Ve plantas, animales... Y de noche puede mirar el firmamento, donde observa la luna, las estrellas, los astros.

Al día siguiente, habituada la vista, ve con más. nitidez el entorno y, mirando al cielo, ve el sol. Empieza a entender que de él viene la luz, y con la luz la visión de este mundo de fuera al que acaba de llegar e intenta comprender. Incluso hay un momento en que entiende que de él dependen todos los seres, la vida misma...

Ha descubierto un mundo inimaginable cuando estaba encadenado en el fondo de la caverna. Y necesita su tiempo para asimilarlo, para que su inteligencia pueda descifrarlo, ver qué existe en este ámbito nuevo.

Nos ofrecía el maestro la interpretación de este mito. Asimilaba la caverna a nuestro mundo, al que estamos enraizados, acostumbrados a considerarlo como el único posible, habituados a entender que la realidad son las sombras, engañados por eso que ven nuestros ojos, por aquello que escucha nuestro oído. Es el mundo visible, nos decía.

Le preguntamos por el exterior. Nos contaba que representa el mundo de las Ideas, aquel Mundo real del que todo lo que existe dentro de la caverna no son sino reflejos, copias imperfectas. Nos costaba entenderlo, ¡es tan difícil despegar mediante la inteligencia de las percepciones de los sentidos, tradicionales, cotidianas! Nos decía entonces que este mundo nuestro, la caverna en el mito, tiene un orden, un diseño. Nos contaba que el diseño, los arquetipos con los cuales ha sido diseñado son esas Ideas. Una Idea de hombre para construir todos los hombres, una idea de gato para construir todos los gatos... Las ideas hay que entenderlas como esencias, como aquello que nos permite comprender el fondo de los seres, aquello que hace que los seres sean lo que son, como son.

El mundo no se ha formado por azar. Es imposible -nos decía-. *Es muy perfecto aun todas sus posibles deficiencias. El orden con que caen los objetos pesados, el orden en nuestra alimentación que convierte los alimentos en parte de nosotros y desecha nuestro cuerpo las materias inútiles...* Daba muchos ejemplos para que nos fuera comprensible... Así íbamos asimilando la realidad de ese Mundo que ha servido como modelo para crear este nuestro.

No nos descifraba estos conocimientos, difíciles de entender, al principio. Había antes años de enseñanza, años de estudio. Llegábamos a la ciencia dialéctica como culmen de nuestro aprendizaje. Solo la ciencia esta nos permitía la ascesis a aquella Realidad más allá de la realidad en que nos movemos cada día. Nos decía, sin embargo, es importante que lo repita, que *la verdadera comprensión escapa a las palabras, es intuitiva, y ante esa realidad no valen las razones, por elaboradas que sean, solo cabe el silencio, el puro quedar en el asentimiento, tras el asombro de las primeras colonizaciones.*

Le preguntamos cuál era el constructor del mundo. Sabíamos que al principio estaba el caos. ¿Quién o qué había mutado el caos en este mundo de orden y de seres? Contestaba que había llegado a la conclusión de que debe existir un Demiurgo, un artesano divino, cuya misión principal ha sido esta de ejecutar los diseños.

Nos decía asimismo que el diseño más perfecto es el hombre, cuya parte principal, el alma, venía del otro mundo, y estaba emparentada a la realidad más grande, al misterio, con el Bien, con la sagrada dimensión de las Ideas.

Estos saberes, he de reconocerlo, nos hacían más sabios. Sabios en el verdadero sentido de la palabra. No con un saber que se aposentaba en la inteligencia y no tenía repercusión en nuestras vidas. Sí con un saber que limpiaba el alma y modificaba la persona. Puedo constatarlo. Una aletheia, un desvelamiento, un quitarse la venda para mirar más claro, para actuar más justo.

El camino del conocimiento, tal como podíamos vivirlo en la Academia, es el camino de la sabiduría. ¿Alcanzábamos todos la meta? He de decir que no, pero sí cada cual progresaba según su interés, la fuerza de su amor por el aprendizaje y el bienestar subsiguiente, según su inteligencia. Todos llegamos a ser más sabios, más completos.

Esta sabiduría nos hacía más grata la vida en este mundo, también tenía sus repercusiones en la otra vida, en las otras vidas que serían la continuación de esta en otras circunstancias, según los aciertos o los errores cometidos, según el nivel de bondad o justicia alcanzados.

Nos contó el mito de Er. Aparece al final de su libro *La república*. Er regresó del otro mundo, reencarnado, según refería Platón. Y contó a los que le rodeaban en ese momento su experiencia.

Era Er un soldado muerto en la batalla. Su alma se desprendió del cuerpo. Viajó a un espacio en el que pudo ver el destino de las almas según la virtud en esta vida. Juzgadas, eran enviadas a un cielo de belleza y dicha, o al Tártaro, donde sufrían castigos dependiendo de las faltas cometidas... Cuando vuelven a reencarnarse de nuevo beben del río Lete, el río de la despreocupación o el olvido. Por ello y por su ocupación de un cuerpo, no recuerda el alma lo que ha visto en el espacio invisible, tampoco lo que vivió en la anterior vida.

Nos decía el maestro que no interpretáramos el mito de manera literal. Sí hablaba con certeza de la reencarnación, apoyado en experiencias propias, también de otras personas que habían tenido vivencias parecidas.

Daba mucha importancia a obtener la enseñanza ética para nuestra vida. *La verdadera felicidad*, nos decía, *está asociada a la virtud, a la justicia en el alma humana. Por esto la importancia del conocimiento, por esto el valor de aplicar este saber en nuestra vida. Este es el fin de todo aprendizaje.*

Nos contaba también que el mito describía la purgación de las injusticias cometidas, ya en este mundo. La persona justa podía vivir la vida en la ataraxia. La persona injusta -señalaba como faltas graves el papel de tirano, la impiedad con los

44

padres o los dioses, o el homicidio- sólo puede salir de ese estado por un proceso de purificación, doloroso, de reconocimiento de sus errores, de penuria del alma.

Le preguntamos por la figura de la Necesidad o las Moiras, que aparecen en el mito. *La necesidad rige el orden del Cosmos, pero nosotros podemos escapar de ella por la libertad que nos confiere nuestra inteligencia* -respondía. Por esto, remarcaba de nuevo, la importancia del aprendizaje.

En otro de sus mitos, el del carro alado, mostraba cómo nuestra alma viene de una dimensión distinta a este mundo que habitamos. Es un alma caída por el peso de su inconsciencia. Al ocupar el cuerpo da vida a este, y le da las características que tiene como ser vivo, la personalidad en el caso de los hombres.

Nos decía que el cuerpo es un envase. Un recipiente que, sin embargo, hay que cuidar lo mejor posible, la salud del cuerpo es un principio para la salud del alma. Dándose cuenta de las dudas y los conflictos que vivimos a menudo, y consciente también de las distintas vivencias que emergen en nosotros, entendió que nuestra alma está formada por dos partes, una racional situada en el cerebro y una irracional ubicada en otras partes del cuerpo. Imaginando el alma como un carro con dos caballos, el auriga representa el alma racional, encargada de la gestión de todos los impulsos irracionales que se encienden en nosotros. El alma irracional se representa mediante dos caballos, indicando que existen dos partes en ella. El caballo blanco es bello y más fácil de guiar, es el alma irascible. El caballo negro tiene aspecto menos armónico y es más rebelde, se trata del alma apetitiva. Cada caballo, según muestra el mito, tiende a ir por libre, dejándose llevar por sus impulsos. El auriga ha de realizar una labor de doma, también una labor de guía, usando las riendas para que se orienten hacia la dirección que él decide.

El alma irascible se sitúa en el pecho, indicaba, y de ella surgen los impulsos nobles: los afectos, la fortaleza de ánimo, la honestidad... El alma apetitiva se sitúa en la barriga, y asociada a ella, más cercana al cuerpo, están todas las necesidades orgánicas: la sed, el hambre, el deseo...

Cuando se acaba la vida en esta vida el alma abandona el cuerpo, que para el maestro es un envase, una nave que el alma pilota mientras lo habita.

En el mito de la caverna, al final, Sócrates se pregunta qué sucedería al hombre liberado que se halla en el exterior de la caverna si bajara de nuevo. Nos relataba Platón que este regreso es una metáfora de la reencarnación, y la oscuridad que vuelve a envolverle es la venda que tapa la razón al ingresar el alma en el cuerpo de nuevo, cegada por los impulsos del alma irracional, por los sentidos del cuerpo, que fijan la atención en lo visible, lo a la mano, dificultando el vuelo de la inteligencia para entender el Cosmos y todos sus componentes...

Todo lo que tratamos en la Academia no es doctrina de fe. Os muestro qué he descubierto, vosotros sois los responsables de buscar personalmente la certeza o no de todo esto que escucháis, repetía cada cierto tiempo, sobre todo cuando percibía en las facciones o los gestos de alguno de nosotros la sorpresa, la duda, cierto escepticismo.

El objetivo de la vida es la felicidad. No me gusta esta palabra, pues en la felicidad existe una cierta promesa de llegada y permanencia en ese estado de dicha. Él se refería a ella como estado de calma, de armonía, de equilibrio. La meta de la vida es la ataraxia. Ataraxia y dicha para el maestro eran semejantes, consciente como era de las infelicidades que produce el desequilibrio en la persona, el dejarse llevar por las pasiones del alma.

¿Cómo vivir, entonces, maestro?, era una pregunta que aparecía en relación a diversas circunstancias de nuestra vida de aprendices. Él daba la pauta general, pero dejaba a la inteligencia de cada uno de nosotros la decisión sobre la manera de encarar la vida, de enfrentarse a los sucesos o problemas con que nos vamos encontrando. Sí decía que nuestra educación va encaminada a la supremacía del alma racional, a convertirnos en sabios (ya he indicado el sentido de la enseñanza para él), guiados en nuestro día a día por la prudencia. La prudencia supone detenerse a reflexionar, a valorar los pros y los contras, y sus efectos. Nos hacía tomar conciencia de cómo dejarnos llevar por el deseo para cosechar un placer en el presente puede tener consecuencias muy negativas en el futuro. Por esto practicábamos la prudencia en los actos, y la prudencia en las palabras.

Le preguntamos sobre las otras partes del alma. ¿Cómo vivirlas una vez conscientes de su existencia y de su funcionamiento? *El impulso natural del alma irascible es hacia la valentía, hacia el bien, aunque también le atraen pasiones como el honor o el prestigio público... que solo pueden satisfacer momentáneamente. La mejor manera de vivir esta parte de nosotros mismos es permaneciendo en el valor, en la actitud ecuánime respecto a las pasiones que tiran de nosotros hacia actuaciones que nos desestabilizan* -respondía-. *El impulso natural del alma apetitiva se dirige a la conservación de la salud y la vida. Pero una mala educación puede orientarla hacia el exceso en la satisfacción de los deseos que emanan de ella: exceso en la comida, exceso en el descanso, exceso en el sexo... El sentido correcto de nuestra vida es lograr el equilibrio. En este equilibrio tiene mucho que decir cada una de las otras partes del alma. La meta de la ataraxia es la meta de una vida aprovechada, de una vida naturalmente intensa en cada instante. Llamo a esta virtud templanza, o moderación respecto a los impulsos.*

Si te das cuenta, querido lector, el maestro habla del gobierno del alma, de la guía de la persona en la buena dirección, la dirección del bienestar y la justicia.

El gobierno de la persona y el gobierno de la Polis son los dos objetivos hacia los que se dirigía, tras el conocimiento del Cosmos y el Metacosmos, su mirada. Puede parecer fácil, tal como se expone en estas letras, lograrlo. La justicia personal requiere mucha dedicación, puedo constatarlo por experiencia, y no se termina de hallar del todo; siempre hay sucesos imprevistos, como la vida misma, ante los que es difícil mantener la calma, y actuar como realmente actuaría un hombre justo. Sí es cierto, en palabras de Platón, que hay una Idea de justicia, en el Metacosmos, y conocerla cada vez más, dejarse empapar por ella, ayuda a irse haciendo más justo...

Decía al principio, cuando estaba realizando la presentación del Maestro, que sus miras iniciales estaban puestas en la Política. Nos contaba que abandonó su participación activa por motivos diversos. No he señalado que la idea de realizar en la práctica su doctrina sobre el gobierno justo no le abandonó nunca, la misma Academia buscaba la formación de los mejores gobernantes.

No he mencionado sus viajes a Siracura. Tres viajes, el último ya mayor, seguidos de tres grandes fracasos. Su sueño era instaurar el gobierno justo, un gobierno en que dirigiera la ciudad un filósofo. Entendiendo la dificultad de que un filósofo llegara o se interesara por el poder, buscó educar al gobernante en el conocimiento y la práctica de la filosofía.

La primera vez, invitado por Dion, un seguidor de sus doctrinas, se trasladó a Siracusa para enseñar al tirano Dionisio I. Este le recibió como se recibe a alguien admirado, y le trató con honor durante un tiempo; hasta que el maestro comenzó a aconsejarle de manera contraria a su manera de ver y su capricho. Su enfado fue creciendo. Terminó por vender al maestro como esclavo. Un alumno de este le rescató en Egina, afortunadamente.

Se desplazó una segunda vez cuando, fallecido Dionisio I, le sucedió en el poder su hijo. Dionisio II había sido educado en la soledad de sus aposentos, temeroso el padre de que conspirara para hacerse con el poder. Entendía Dion, conociéndole, que estaría más permeable a la doctrina platónica y, con ello, accesible a cambiar el régimen tiránico impuesto. Encuentra en Dionisio II a un malcriado, lo que no quiere decir que no sea peligroso. Le convencen, los que se dicen sus asesores, de que Dion, Platón y otros se están confabulando para destronarle. Destierra al primero, asesina a los que no pueden escapar, mantiene a mi maestro prisionero. Relata este que su actitud es caprichosa, engreída, celoso del afecto y las atenciones que mostraba hacia Dion. Pudo escapar de nuevo.

Una tercera vez que se desplazó significó un tercer fracaso. Estos fracasos sucesivos mellaron su ideal, mostrándose a partir de aquí como un educador político menos filósofo y más legislador.

Casi al principio de *La república* aparece el mito del anillo de Giges. Este pastor encuentra un anillo de oro que tiene la capacidad de hacerle invisible. El poder que adquiere le trasforma. Aprovecha para acercarse al palacio y seducir a la reina, y para asesinar al rey. *¿Está el hombre irremediablemente condenado a seguir sus impulsos de poder y riqueza, a cometer cualquier injusticia para lograrlos?*, nos preguntó Platón cuando relató el mito.

Ya tenía formulada su teoría política. Estaba asentada en su inteligencia la idea de que la única manera de lograr un gobierno justo pasaba por la educación. Este gobierno justo es un gobierno aristocrático, es decir, de los mejores.

Señaló que los mejores atesoran las virtudes de la sabiduría y la prudencia por encima del resto. Una persona sería la encargada de gobernar el Estado (acompañado de magistrados), el filósofo rey. *Es difícil que una persona tenga la capacidad y el sentido de la justicia para llevar las riendas del Estado adecuadamente* -le objetamos-. Nos respondía que el poder de este estaba asentado en el poder de los magistrados, sus manos, y en el poder de los guardianes.

Nos explicaba que su idea del Estado era una transposición de su idea de la persona. La justicia en el Estado llega de la armonía de las clases sociales, de igual forma que la justicia en el alma viene de la armonía de cada una de sus partes.

¿Qué representa en el Estado al alma apetitiva? -le preguntó alguno de nosotros-. *La clase de los proveedores. Esta clase es la encargada de producir para satisfacer las necesidades materiales del Estado. Igual que el alma apetitiva deber ser ordenada por el alma racional, ser templada, los proveedores deben seguir la guía de los gobernantes*, nos aclaró.

Le pregunté que quiénes se consideraban los proveedores del Estado. *Los agricultores y ganaderos, los pescadores, los comerciantes, los constructores...*, respondió.

La otra clase social son los guardianes. Su virtud es la fortaleza de ánimo o valentía, y son los encargados de proteger el Estado ante el enemigo, también de los delincuentes. Es la representación en el Estado del alma irascible. De los guardianes surge el gobernante, el filósofo-rey, tras un proceso de selección que dura gran parte de su vida.

Los guardianes, hombres y mujeres, han de ser educados en una guardería comunitaria bajo la enseñanza de otros soldados encargados de su educación, hasta los veinte

50

años, momento en el que se produce una primera selección; seguirán los elegidos estudiando hasta los treinta, periodo en que empezarán a estudiar dialéctica los nuevos seleccionados durante cinco años; una nueva elección decidirá quienes son aptos para gobernante, ejerciendo hasta los cincuenta algún cargo de responsabilidad en el Estado. El mejor de todos en este recorrido de tantos años se convertirá en el rey responsable del funcionamiento de la Polis.

Nos dijo que el rey es aquel en quien el alma racional prepondera; por tanto, el más virtuoso desde ella, es decir, el más sabio y prudente.

Entendimos desde el principio el motivo de la importancia de los guardianes… Continuamente estamos en guerra contra otras Polis, y siempre está el peligro de los persas, como puede verse en nuestra historia. También es necesario el control en la Polis de los delincuentes…

Tenía el maestro varios esclavos de Esparta, antes guerreros, que dejó ir en un intercambio con soldados atenienses. Se informó por ellos sobre el sistema educativo espartano para que sus guerreros fuesen los mejores entre las Polis. Este método le sirvió en gran parte de modelo para el sistema educativo que había pensado, tal como aparece en *La república*.

Había comprendido los motivos de corrupción en los Estados. El dar primacía a los familiares a la hora de ocupar los cargos públicos y el afán de riqueza. Por esto su planteamiento de una educación común de todos los hijos de gobernantes, de forma que no supieran cual es el hijo de cada uno. Por esto pensó en el mantenimiento de los soldados por el Estado y la no posesión de riqueza por parte de aquellos.

No me gustaban, y se lo dije, algunos detalles de su teoría. No me gusta que el Estado decida los emparejamientos entre guardianes para tener descendencia; no me gusta esa selección estatal, tal como en la ganadería se eligen para procrear los animales más fuertes. No me gustaba su idea de asesinar a los niños por nacer con algún defecto que les impidiera convertirse en guerreros en el futuro, tal como sucedía en la bárbara Esparta.

Respondió que era inevitable, si queríamos un Estado fuerte, preparado con los mejores para conservar la paz o no ser derrotado en la batalla. Los guardianes deben ser los mejores, y había pensado que esta es la mejor manera para lograrlo. Sigo en desacuerdo...

Sí estoy de acuerdo en su consideración de la mujer con las mismas capacidades de los hombres, para el ejercicio de guardiana, incluso para el acceso a reina. Los guardianes podían ser, en esta teoría suya, de ambos sexos, y la educación la recibían por igual desde pequeños ellos y ellas.

Sabemos de su fracaso cuando intentó exportar esta idea de gobierno a Siracusa. Se dio cuenta de que gobernar de esa manera supone un sacrificio grande, un dejar de lado todos los apetitos que nos encadenan al cuerpo. Comprendió ya sin duda la imposibilidad casi de que los gobernantes lleguen a aceptar una vida austera, y que los filósofos, interesados sobre todo en el logro de la sabiduría, tuviesen interés en las tareas de gobierno. Por esto en *La república* señala que han de ser obligados; no todos están dispuestos a una vida como la planteada idealmente para ellos...

Tal vez por ello, decepcionado por sus experiencias siracusanas, antes lo había estado por los desmanes de tiranos y demócratas, se planteó en la última etapa de su vida una forma de gobierno más dura, una legislación más exhaustiva para el Estado, para los ciudadanos... Imaginó leyes que regularan todos los aspectos de la vida privada y pública, leyes sobre educación (las leyes debían dirigir a la máxima formación de los ciudadanos en las virtudes que hacen posible la justicia y el buen funcionamiento del Estado), sobre el uso de los frutos de la tierra, sobre el trato a los extranjeros, sobre la religión...

Comprende también, nos lo explicaba así, que la mejor manera de equilibrar el gobierno es a través de un reparto de cargos, y una elección de las personas más idóneas para ellos. Entiende que ha de haber magistraturas relacionadas con todos los aspectos de la sociedad, así deben estar: los guardianes de las leyes, los generales del ejército, el Senado (compuesto por trescientos sesenta senadores), los sacerdotes y sacerdotisas. Nos señalaba que para el funcionamiento adecuado de la Polis debían ocuparse los puestos de astinomos o ediles de la ciudad, agoranomos o encargados de la policía de los mercados, los agrónomos o encargados de guardar el resto del territorio; una magistratura encargada de legislar y dirigir la educación; también la judicatura, con tres tribunales encargados de asuntos diferentes.

Me gustó especialmente la minuciosidad con que nos hablaba del ejercicio de la justicia, sobre todo cuando se trata de cargos graves. El juicio lento de estos delitos tenía como objetivo preservar en la medida de lo posible la vida...

Seguramente pocos sabios dará el mundo como mi maestro Platón. Pocas personas habrá con una mirada tal, amplia y hacia lo alto, pocas personas que comprendan la importancia de la educación para la vida personal y común, pocas personas que enseñen -tal como él lo hacía- con la herramienta del diálogo permitiendo nuestras intervenciones y sus aclaraciones, pocos hombres con un sentido tan marcado de lo profundo y de lo justo, de la coherencia en sus actos -no de otra forma se explica sus dos postreros viajes a Siracusa-... En fin, pocos hombres que hayan enseñado tanto, a nosotros y, a través de sus libros, seguramente a las generaciones venideras...

Aristóteles, el observador minucioso

Puesto que todo conocimiento y toda elección tienden a algún bien, volvamos de nuevo a plantearnos la cuestión: cuál es la meta de la política y cuál es el bien supremo entre todos los que pueden realizarse. Sobre su nombre, casi todo el mundo está de acuerdo, pues tanto el vulgo como los cultos dicen que es la felicidad, y piensan que vivir bien y obrar bien es lo mismo que ser feliz. Pero sobre lo que es la felicidad discuten y no lo explican del mismo modo el vulgo y los sabios. Pues unos creen que es alguna de las cosas tangibles y manifiestas como el placer, o la riqueza, o los honores; otros, otra cosa; muchas veces, incluso, una misma persona opina cosas distintas: si está enferma, piensa que la felicidad es la salud; si es pobre, la riqueza; los que tienen conciencia de su ignorancia admiran a los que dicen algo grande y que está por encima de ellos. Pero algunos creen que, aparte de toda esta multitud de bienes, existe otro bien en sí y que es la causa de que todos aquéllos sean bienes. (Ética a Nicómaco, Aristóteles).

En la historia de Atenas se han cometido demasiados asesinatos, injustos casi siempre, de personas de toda condición, originados en los rencores, envidias o venganzas... Uno de los más crueles e injustos, para él y para nuestra civilización, es el cometido sobre Sócrates, el Maestro de maestros.

Me he visto en la necesidad de escapar de Atenas. Hace poco ha muerto Alejandro Magno, y el ambiente antimacedonio en la ciudad no es favorable para la conservación de mi vida. Los atenienses, acostumbrados a la gloria de su Polis independiente, no perdonan al macedonio que les convirtió en una ciudad más de su Imperio. Tampoco perdonan a los que se manifestaron a su favor o tuvieron amistad con su familia. Es mi caso; como seguramente sabrán, fui tutor de Alejandro durante dos años. Hay cuestiones que los patriotas no perdonan... Me han acusado de impiedad, aduciendo los versos que hice para Hermias, mi amigo, que me trató tan bien en su día, dispuesto a dejarse asesorar por nosotros, los educados en la Academia.

He huido a Calcis, a refugiarme mientras pasan estos vientos de odio. Me embarga un tanto la soledad y la tristeza, acostumbrado como estaba a la vida cotidiana en el Liceo, y las relaciones de las que disfrutaba en Atenas.

Hace unos días he experimentado la necesidad de hacer una síntesis de mis descubrimientos, especialmente los relativos a la filosofía primera y a la política, esta ciencia que trata del sentido de la vida pública de los hombres y del orden en el alma, buscando la excelencia en ambos casos.

Mi padre, Nicómaco, como se ha llamado también mi hijo, era médico. Mi madre servía también a Asclepio. Un poco a escondidas estudiaba ella con él, y en ocasiones le ayudaba en el diagnóstico de las enfermedades y la búsqueda del tratamiento idóneo. La medicina es una ciencia joven; el acierto en el diagnóstico de las enfermedades y en el tratamiento tienen mucho de intuición por parte del médico, también mucho de investigación (de atención a la experiencia para obtener saberes nuevos y aplicables)... Debo reconocer que este clima que he vivido en casa los primeros años de mi vida ha alimentado la curiosidad por la ciencia, y el deseo de aprender que aún conservo.

Mis padres fallecieron demasiado pronto. Quedé bajo la tutela de Proxenos, el esposo de mi hermana Arimneste. Le agradezco que me trató como un padre, durante el poco tiempo de nuestra convivencia.

Acabada mi educación básica, y con diecisiete años, me inscribió en la Academia, donde he pasado veinte años de mi vida. Dos años después de mi llegada conocí a Platón, tras su vuelta completamente decepcionado de su primer viaje a Siracusa. En su ausencia se encargaba de la dirección de la institución Eudoxo de Cnido, un verdadero sabio y maestro. Por esto ocupó el puesto de máxima responsabilidad. Me influyó mucho, por su saber inmenso, pero sobre todo en la dirección que un día tomaría mi búsqueda de la verdad. Hacía hincapié en la necesidad de observar los hechos, tal como se presenten, para encontrar los principios que los expliquen. Esta orientación científica se sumó a la heredada de mis padres.

Sin lugar a dudas, el maestro más significativo en mi vida ha sido Platón. Cierto que Eudoxo me había introducido en su filosofía, pero solo en el trato con aquel pude conocer a fondo su manera de entender el mundo, su manera de explicar este mundo y al hombre, en su ser y en su origen...

Mis primeros años de estancia en la Academia fueron, puede decirse, una introducción a la dialéctica, esta ciencia convertida en tal por mi Maestro (déjenme referirme con este adjetivo a Platón a partir de ahora) para el conocimiento de lo profundo, del ámbito de las Ideas.

Es habitual que los libros o saberes antiguos sean declamados por los rapsodas. Así el pueblo puede tener acceso a los saberes ancestrales, así se mantenía viva la manera de entender el mundo que nos llega de nuestro primeros escritores, Hesíodo y Homero. Es habitual también que las obras de teatro sean representadas, o acaso leídas por lectores especialistas. En la misma Academia las obras eran leídas por el anagnostés (un criado con esa función específica). Mi inquietud no me permitía las esperas ni las recitaciones en voz alta. Descubrí que progresaba más en el estudio, y alimentaba por ello más mi entendimiento, con la lectura personal y silenciosa de los textos. Es verdad que estaba rodeado de buenos cicerones, el maestro en especial, que resolvían las dudas que quedaban en mí tras la lectura. Platón decía que hay una necesidad de acceder a los significados que la palabra esconde, consciente de que la voz escrita oculta iluminaciones que solo pueden encenderse con la callada reflexión y, si es posible, el diálogo. Esta costumbre mía hizo que me llamaran el lector, algunos con admiración, otros con envidia, ya se sabe... No es mal apelativo; toda mi vida me he dedicado a esta tarea, sea en los libros o en la Naturaleza, intentando comprenderla.

Tras un periodo de aprendizaje que mi maestro consideró suficiente, me permitió dedicarme, en la propia Academia, al mismo oficio suyo. A la enseñanza he dedicado una parte importante de mi vida, convencido como estoy, desde hace tanto, de la importancia del magisterio. Permite que los conocimientos no se pierdan -es verdad que quedan recogidos gracias a los textos-, sobre todo porque la manera mejor de transmitirlos es desde la presencia. Orgulloso me siento, como me he sentido siempre, de esta dedicación que ha ocupado gran parte de mi vida...

Me llamaba la atención la escritura, y mis primeras obras se hicieron en forma de diálogo, imitando el estilo del maestro.

Comencé a dar clases de retórica. No entendía ésta tal como los sofistas o el mismo Isócrates, educador especializado en la materia. Ya en mi primera clase hice referencia a este desacuerdo. Desde entonces he entendido la retórica como una actividad que tiene sentido sólo si está apoyada en la verdad, o en la ciencia dialéctica que la busca.

Paulatinamente fui separándome de las doctrinas defendidas por el maestro. He de alabar la actitud abierta que respiraba en la Academia, y su actitud receptiva y generosa con las observaciones que le hacía, aun pensando lo contrario en muchos aspectos. Nuestras conversaciones quedan en mí como hitos importantes, pocas veces repetidos.

Me he visto, sin querer, envuelto en política. Ya mencionaba al principio mi exilio forzado en esta isla. Aproximadamente cuando el maestro abandonó la concha, o el envase, como decía a veces, para desplazarse invisible al mundo de las Ideas, adquirió fama el orador Demóstenes. Admiro su capacidad oratoria, pero hube de salir de Atenas por el fuego que sus palabras encendían contra todo lo macedonio, contra todo lo extranjero en general a la Polis.

Es cierto también que al morir el maestro había que elegir a su sucesor al frente de la Academia. Fue designado su sobrino Espeusipo, al que yo no consideraba el más idóneo, tal vez porque me sentía el candidato más cualificado y esperaba el nombramiento. Me desplacé a Atarneo, a la corte de Hermias. Este ejercía una templada tiranía, seguro que por la influencia de los platónicos Erasto y Coriseo, que se habían establecido allí también para enseñar.

Hermias les regaló la ciudad de Asos, donde fundaron una institución parecida a la Academia. Allí conocí a Teofrasto, al que considero mi sucesor. Fueron años fecundos en investigaciones, dedicado como estuve a la observación y análisis del mundo natural, a la observación y clasificación de los animales, al estudio de sus órganos internos, también en menor medida al estudio del cielo.

Recibí de mis maestros la idea de un Universo esférico, que he mantenido; esa idea de una sucesión de esferas concéntricas alrededor de la Tierra y la esfera final de las estrellas fijas. Me preocupaba entender su movimiento (sigo siendo el eterno buscador de las causas de todos los sucesos), el porqué del mismo, la composición del Cosmos...

Igual que existe en nosotros una fuerza que nos hace vivir, entendí que en el Universo debía existir algo parecido. Entiendo que la parte del cielo por encima de la luna tiene carácter divino, y que existe un origen final de todo el devenir del Cosmos. Es el Theos, el primer motor inmaterial que, por atracción, produce el movimiento de todas las esferas, si bien cada planeta cuenta con un motor específico, también divino, una especie de alma que le procura la energía necesaria.

Ya Platón se había preguntado cómo se explica que los astros no caigan sobre nosotros, sobre la tierra detenida en el centro de sus traslaciones. Pienso, como él, que están inscritos en esferas de éter cristalino. Además, entiendo que es imposible el movimiento sin un motor que lo vaya produciendo continuamente. Concluí que se debía a la perístasis, para explicar los movimientos del mundo sublunar. De la misma manera debe haber un contacto entre todas las esferas, de forma que puedan explicar el movimiento de todos los planetas que conocemos. No tengo claro, según los cálculos matemáticos que realizamos en el Liceo, si existen 49 o 55 esferas; lo importante no es esta precisión, sino haber comprendido las causas y el entramado cósmico.

Considero también que el Cosmos está dividido en dos regiones con características distintas. He llamado mundo supralunar al que se extiende desde la luna a la esfera de las estrellas fijas. Justo fuera de esta esfera se halla el Theos. Ocupan esta región todas las esferas de éter, los planetas ubicados en algunas de ellas, y el alma de cada uno. Los elementos que la forman han de ser eternos. Su carácter divino también se expresa en su composición etérea, esa sustancia invisible de los cielos cuando no se halla cristalizada formando los planetas. Observamos asimismo que tanto los planetas como las estrellas fijas giran alrededor nuestra, con un movimiento circular uniforme, el único que se da en cada una de las esferas.

La otra región del universo, a la que he llamado mundo sublunar, está compuesta por sustancias sujetas al nacimiento y la muerte, con una duración temporal. Estas sustancias están formadas por los cuatro elementos que conocemos todos. Acepté, ya lo habían planteado algunos de los primeros filósofos, que las sustancias sublunares tienden a su lugar natural. Todo movimiento que les aleje de este es un forzar su naturaleza. La tierra tiende y ocupa lo bajo, por su peso. Levantar un objeto compuesto principalmente de tierra supone sacarlo de su zona natural. Si se deja, vuelve a su sitio. Por esto es necesaria nuestra fuerza para trasladar los objetos pesados, en cuya composición entra básicamente la tierra y el agua.

El Theos debe ser, siquiera indirectamente, una mente ordenadora. No de otra manera se explican los principios y causas de todas las cosas, estudiados por la filosofía primera. El orden que existe está orientado hacia una finalidad, un objetivo, expresar su naturaleza, desarrollar las características existentes potencialmente en cada uno de los seres. Le he denominado de diferentes maneras: Primer motor, Acto puro, Pensamiento autopensante…

He de detenerme a meditar… No es fácil, incluso teniendo en mente una imagen nítida de Cosmos, expresar cada uno de sus elementos de manera que quede clara para ti o para vosotros, posibles lectores…

Por mi talante personal y mi educación he evitado recurrir a los mitos como sustitutos de la explicación científica. Sólo la observación cuidadosa y su explicación racional pueden dar cuenta de los seres y sucesos de universo, de este mismo… En esta última etapa de mi vida, no sé si por mi presentimiento de la cercanía de la muerte y algunos de los desengaños que quedan en mi alma, sí me siento atraído por ellos, por el misterio que intuyo existe en el origen y el fondo de esas narraciones.

Hablan los mitos de la intervención de los dioses para formar el universo a partir del caos primigenio. No entiendo cómo el universo está hecho tal como lo observamos, pero sí tengo claro que es eterno. Tal vez los científicos posteriores puedan dar una explicación más acertada a todos nuestros enigmas...

Comprendí que en el Cosmos solo existen sustancias, seres individuales, definidos. Con esta evidencia contradije la teoría de las Ideas de Platón, referida a otra dimensión en la que estaban los Modelos de todos los seres, animados o no. El Modelo o la idea en realidad podemos abstraerla de los objetos, no al revés. Mi maestro definía a las Ideas como esencias, pues de ellas imitaban los seres sus características, al ser su modelo. Es verdad que la esencia o forma es lo que hace que un ser sea el que es; también es verdad que solo la conocemos si vemos las características de los seres y la semejanza entre algunos de ellos. Estos seres parecidos pertenecen a la misma especie, otra manera de decir que tienen la misma forma o esencia. Los caballos, por ejemplo, tienen características semejantes. Nosotros abstraemos estos caracteres gracias a nuestro entendimiento. A esta semejanza que los define y podemos observar he llamado forma, esencia o especie. Debo señalar que sólo nuestro entendimiento es capaz de captar este hecho.

Sin embargo, nuestra vida cotidiana está dominada por la percepción de nuestros sentidos. Estos sólo nos permiten captar objetos materiales, es decir, la materia de los objetos y su estructura física, sus dimensiones. De la misma manera que hemos podido entender la forma inscrita en los seres, nos dimos cuenta de que existe en ellos una materia primordial, caótica, potencial, que solo se convierte en una realidad, la que vemos, cuando una forma ha actuado en ella. Esta materia prima se convertirá en cada uno de los cuatro elementos, y éstos pasarán a convertirse en minerales o en la materia de los seres. *¿Quién produce estos cambios?*, me han preguntado muchas veces. No tengo respuesta. Puedo justificar diciendo que la misma naturaleza funciona así, que en el fondo hay que considerar la atracción del Theos... Pero sería atentar contra mi honestidad personal y la vuestra...

Me he dado cuenta también de que, si observamos detenidamente un ser, hay unos componentes materiales que nos son accesibles a la vista o la investigación. He llamado a estos materiales la materia próxima. Creo que será bueno que recojamos un ejemplo a fin de que no te resulte tan extraño. Los animales, como sabes, están hechos de diversos tejidos o elementos: huesos, piel, humores, pelos... Cada uno de ellos es materia próxima para el animal. Si es un gato, pertenece a la especie gato (he de aclarar que también los huesos, piel, humores, pelos... tienen la forma que le hace ser ese animal y no otro...). Entender la necesidad de la materia prima y cómo la naturaleza va produciendo los cambios es ahora tarea tuya...

Como puede verse, en el mundo sublunar hay un continuo movimiento. Desde los primeros filósofos ha existido el conflicto a resolver entre la importancia de lo estable y lo aparente. Es un problema heredado por todos los que nos dedicamos a la sincera comprensión del Cosmos. Es el problema del devenir, del cambio continuo que perciben nuestros sentidos.

Mi primera solución al problema fue esta teoría que acabo de señalar sobre la relación de la materia-forma. La naturaleza va aplicando sucesivas formas a la materia original, y a las materias de las sustancias que van apareciendo. Está claro que sólo es posible esa aplicación de la forma para llenar un hueco inexistente, una carencia. Si miras lo que acabamos de decir del gato puedes tenerlo claro... La misma materia próxima (los huesos, el pelo, los humores, la carne...), puede ser completada con la forma gato o perro, por ejemplo, al estar a disposición, podíamos decir, para la forma que la naturaleza haga actuar en ella...

Me di cuenta de que en el Cosmos hay también un juego entre posibilidades y realidades, cuando aquellas se llegan a realizar. No recuerdo si se me ocurrió a raíz de mi necesidad de entender el movimiento, o enlacé cuando estaba inmerso en otra problemática. Lo cierto es que gracias a estas ideas se me hizo posible entender mejor cómo el devenir natural no es sino un suceso de posibilidades que llegan o no a convertirse en acto, un convertir el "puede ser" en existencia... Con estos términos de potencia y acto he podido entender y explicar mejor el movimiento que podemos observar en la naturaleza, en nosotros mismos, físico y psicológico...

Necesitaba también dar respuesta a los cambios en una misma sustancia. Hay veces en que la sustancia, el individuo concreto, nace o muere: he llamado a estos cambios sustanciales, pues con ellos aparece o desaparece una sustancia. Otros cambios se producen en una sustancia que ya existe, los cambios accidentales, que pueden ser de diversas maneras (si ves, querido lector cuáles son las categorías de las que he hablado, y te fijas en las llamadas accidentes, puedes entender a qué refieren estos cambios): en resumen, los cambios accidentales lo son de lugar, cualidad o cantidad.

Tras mi estancia en Mitilene me invitó el rey de Macedonia, Filipo, con quien había compartido parte de mi infancia, para educar a su hijo Alejandro. Durante dos años fue mi dedicación básica, teniendo en cuenta que nada hay tan importante como la educación para el progreso personal, y siendo consciente de la importancia que una buena educación para el gobernante podía significar para el mundo. Unas clases fueron particulares, otras compartidas con los hijos de otros nobles de la corte. No era Alejandro un muchacho dócil, y no salí totalmente satisfecho de los logros que adquirió en su relación conmigo. Puedo decir, sin temor a equivocarme, que aprovechó los saberes científicos y políticos que le ofrecía, como saberes, pero la educación no templó su talante impulsivo y sentimental bajo la guía de su entendimiento.

Murió en ese tiempo mi amada esposa, puedo decirlo con la boca llena y el corazón nostálgico. Pasado un tiempo, casé con Herpilis, tras un tiempo de convivencia llena de armonía. Vivía ella en casa anteriormente, pues estaba en su ocupación cuidarla, cuidarnos a nosotros, al fin y al cabo. Nació de ella nuestro hijo Nicómaco, al que llamé como su abuelo, al que dediqué mi ética de ese nombre, con la idea de que pudieran servirle de guía en su vida estas conclusiones obtenidas por la experiencia paterna.

Y pude volver a Atenas, que echaba de menos… Seguía siendo el centro del mundo civilizado. Mi intención era crear allí mi propia escuela, distinta a la Academia, y a la escuela de Isócrates que tanto había criticado desde el principio. Tuve dificultades. Se mantenían vigentes las leyes de la Polis por las que un extranjero no tenía derecho a adquirir propiedades. Se me consideraba foráneo, aun habiendo habitado veinte años entre sus murallas, y por considerarme filomacedón.

Gracias a mis recursos y, sobre todo, a la ayuda de Antípatros pude establecerla en el Gimnasio del Liceo. Me gustó el espacio, sobre todo el jardín que lo rodeaba y el paseo porticado donde, en muchas ocasiones impartía mis clases, paseando. Algunos de mis acompañantes en esta aventura del saber y el enseñar fueron vuestro ya conocido Teofrasto y Eudemo de Rodas, personas de una brillantez fuera de duda.

Han sido estos años de los mejores de mi vida. En ellos fue creciendo mi biblioteca, que considero tan importante para la persona que, como yo, tiene por dedicación el estudio y, durante tanto tiempo, la enseñanza. Difícilmente puede avanzarse en el conocimiento si uno no conoce las aportaciones de los que le han precedido. Mi día a día sucedía vertiginoso, no por la rapidez con que me movía, más bien por la inconsciencia casi total con que pasaban para mí las horas, absorto en esos quehaceres que te señalo.

Normalmente ofrecía clases de Física y Filosofía Primera por la mañana. También sobre Política. Asistían a ellas los alumnos fijos que teníamos, y algunos visitantes ilustres por su inquietud o saber que tenían el deseo de conocernos. Me interesaba la exposición ordenada de las ciencias que podía ofrecer en cada momento a los alumnos; pero aún más los diálogos que sucedían, a veces provocados por mí, gracias a los cuales podíamos caminar juntos hacia regiones más profundas del conocimiento. Escuchar las lecciones y tomar nota de ellas queda en la cabeza, se progresa solo cuando uno intenta aventurarse por los vericuetos que dejan sin colonizar las exposiciones. En estos diálogos me he sentido, más que en ninguna otra parte, maestro.

Algunas tardes realizaba exposiciones sobre otros temas, esta vez más abierta la convocatoria, muchas veces sobre retórica, sobre el significado del arte o la tragedia tal como yo lo entendía.

Mi sobrino Calístenes, el hijo de mi hermana, que me había acompañado en los años de Asos y Mitilene, participaba como maestro también. Debo agradecerle su disponibilidad y su prudencia en la enseñanza y en el trato. He decidido que, cuando llegue el día de mi última partida, me suceda Teofrasto en la dirección del Liceo. Calístenes, con quien he hablado sobre esto, se ha mostrado conforme; es más, me ha recomendado esto mismo que se ha convertido en mi decisión final. No deseaba que se repitiera la situación que se produjo en la Academia cuando falleció el maestro. Entiendo que el Liceo continuará funcionando si los encargados de su gestión son hombres preparados e íntegros, pero vale más que en cada momento pueda elegirse al más competente. Esto garantizará seguro que las investigaciones sigan su curso, y la enseñanza sea de la máxima calidad.

Mi interés por la naturaleza ha sido el motor que ha conducido mi vida. Mi estudio de los seres vivos me ha llevado a la clasificación, esta me parece muy importante en todos los aspectos para ubicar las distintas formas de vida y sus semejanzas o diferencias, de éstos según sus características fundamentales. Para entender a los seres vivos me pareció lo más acertado usar los mismos términos definitorios que había usado para comprender a los seres naturales.

Me daba cuenta de que cualquiera de los seres vivos, al ser sustancias, están compuestos de materia y forma. Llamo al cuerpo materia por un motivo obvio. De mi maestro aprendí que la vida viene dada por el alma, además las características principales de los grandes grupos de seres son una consecuencia del tipo de alma que los forma. Esta última palabra es la clave. El alma es la forma.

Antes, estudiando las explicaciones que habían dado los filósofos anteriores a mí sobre el porqué de los seres y los cambios, entendí que hablaban sobre las causas de los mismos. La causa explica científicamente esos porqués. Hay, a mi entender, cuatro causas que permiten acercarnos con certeza a la explicación de esos seres: la causa material, referida a la materia de que están compuestos; la formal, referida a la forma o esencia que explica las características que poseen; la causa eficiente, entendida como aquella que origina y mantiene los cambios, en el caso de los seres vivos el alma; y la causa final. Esta me pareció desde el principio fundamental;

puede verse claramente cómo cada ser vivo tiende a crecer, a desarrollar sus cualidades que originalmente aparecen en potencia, a realizarse, a convertir estas cualidades en una realidad; por esto cada uno de ellos tiene la finalidad vital interna de desarrollar al máximo, por supuesto si las condiciones ambientales lo permiten, su esencia.

Puede verse que cualquier ser vivo existe si actúa la causa material, es decir, el cuerpo es uno de los porqués de su existencia. El alma, es decir, la forma, que hace a cada uno ser lo que es, es la vida misma que tiende a expresarse y conlleva esta tendencia a desarrollar lo que es, aparece como causa formal, eficiente y final.

Desde el momento en que el reino vegetal tiene vida, aunque realiza las funciones básicas de nutrición y reproducción, está claro para mí que las plantas cuentan con un alma específica, el alma vegetativa. Nadie puede ponerlo en duda. Las plantas son una manifestación de la Vida que se muestra de maneras tan diversas en los seres naturales.

Los animales tienen una forma de vida más compleja. Está claro que han de alimentarse y tienden a reproducirse -no estarían vivos si no-, pero poseen unos caracteres superiores. Añaden la capacidad de movimiento local, de sensación y de deseo. Si alguien tuviera duda, que observe por un momento a cualquiera de los animales que nos hacen compañía o con los que tratamos. Está claro que esta alma es irracional; en parte mi maestro refería a esta alma sensitiva cuando refería al alma irascible, claro está que él mentaba a una de las partes de nuestra alma humana.

Nosotros los hombres constituimos la especie más perfecta que puebla la tierra. La Naturaleza ha añadido en nosotros el entendimiento. Gracias a él nos diferenciamos del resto de especies y somos lo que somos. Me acuerdo del mito de Epimeteo y Prometeo que narraba mi maestro en su libro Protágoras... Cuenta cómo, encomendado a ellos por los dioses formar los distintos seres vivos, Epimeteo dotó a cada uno de los elementos corporales para su supervivencia. Llegado el momento de la aparición de los seres humanos, Prometeo descubre que no han quedado caracteres físicos para ellos que les permitan sobrevivir y defenderse frente a las bestias. Roba el fuego a los dioses, que les ayudará a crear la artesanía y herramientas para protegerse. También ofrece a los hombres el logos (la razón y la palabra) gracias al cual pueden comprender y comunicarse, gracias al cual será posible la política como forma de convivencia basada en la comunicación...

Esto tiene el hombre que le separa de las bestias, el entendimiento, cuya hija primera podríamos decir que es la palabra. Sin ésta, las comprensiones adquiridas no quedarían fijadas, y no sería posible transmitirlas, más si hablamos de la palabra escrita, que cruza todos los istmos del tiempo y del espacio...

Me detuve a analizar el funcionamiento de nuestro entendimiento... Gracias a él tenemos la posibilidad de captar el significado y las causas de los seres, y los principios del funcionamiento del Cosmos, al fin. Y está claro que en una parte de él quedan recogidas las ideas que vamos obteniendo de nuestras comprensiones. Gracias al entendimiento es posible para nosotros la ciencia, entendida como el conocimiento del Cosmos, en todos los ámbitos, tal y como es. He de recordar que la única ciencia posible tiene su inicio en la experiencia.

También gracias al entendimiento, cuando aplicamos los conocimientos obtenidos a nuestra práctica vital, se nos hace posible la poesía, es decir, la producción de objetos o artesanía y el arte o creación... La ciencia política, que trata de las cosas de los hombres, de cómo organizar su vida social o personal, es posible gracias al mismo.

Somos seres sociales por naturaleza. Es necesario organizar la sociedad, en principio para sobrevivir, luego buscando la buena vida que llega de la justicia. Una de las grandes marcas que ha quedado de mi amplio paso por la Academia es la preocupación por este problema del gobierno justo que no sé si algún día los seres humanos resolveremos del todo.

Tanto me ha interesado el problema político - ¡se juega tanto en el logro de una organización social apropiada para la buena vida y el desarrollo de tantas capacidades que tenemos! - que, con mis colaboradores, he recopilado y analizado constituciones de muchos momentos de la historia y lugares del mundo conocido. Siempre el estudio tiene consecuencias, inevitablemente. Por esto sentí la necesidad, tras los análisis detenidos, de ofrecer mi aportación para que la sociedad funcione mejor, para que la justicia y realización de los ciudadanos sea posible...

Vista la importancia de la finalidad en la naturaleza, ese intento de realizar las potencialidades en cada uno de los seres vivos, salió fácil en mí la idea de que la sociedad tiene un fin claro, el bien común, el bienestar de todos los ciudadanos.

Igual que en la naturaleza hay una mejora progresiva de las capacidades de los seres vivos, entendí que el paso hasta una sociedad actual se ha hecho también de forma escalonada. Las necesidades básicas son las de nutrición y reproducción, sin ellas se hace imposible la vida y su permanencia. Por ello aparece en la naturaleza el hombre y la mujer, así la primera forma social es la familia. Queda muy incompleta nuestra vida, vegetal casi, si nos ocupáramos sólo de satisfacer estas necesidades básicas. Por esto se hizo necesario que los seres humanos nos agrupáramos en aldeas. En éstas se hace posible la división del trabajo, de manera que cada persona tiene una función que favorece la comodidad en la vida y la satisfacción de necesidades superiores. Ahora tiene más importancia la sociabilidad, y los sentimientos que supone. Se hace así posible una vida más cómoda, una vivienda mejor, una alimentación más completa... no para todos, de momento al menos.

Hay necesidades que, sin embargo, la aldea no puede responder. Por esto se hizo necesaria una agrupación mayor, la Polis.

¿Para qué la Polis? Solo en ella se da una Constitución, un conjunto de leyes para regular la convivencia buscando el bien común. Y el bien común sólo es posible si se atienden todas las necesidades de los ciudadanos, también la posibilidad de desarrollarse como personas en la medida de lo posible. Nuestro crecimiento se completa con el saber y su aplicación a la vida. Para que el conocimiento pueda trasmitirse y avanzar es necesaria la educación. La educación nos convierte en hombres, en más hombres. Y debe estar legislada por el Estado para este fin. Hay una serie de materias que los niños deben aprender y practicar desde sus etapas iniciales; la materia para la formación del cuerpo, la gimnasia, que permitirá que más adelante sean buenos soldados; la gramática, las matemáticas y la música que permitirán la formación de la sensibilidad y la inteligencia a través del conocimiento de las palabras y las reglas para su uso, de los números y sus relaciones con el cosmos, de los sonidos y su armonía. Hay una educación superior, ésta encargada de preparar a los hombres para el conocimiento más hondo del cosmos y el desempeño de los cargos públicos.

Podría buscarse el sentido profundo de la educación, más allá de las aportaciones de las diversas materias. Es la adquisición de la virtud. Qué entiendo por virtud considero tratarlo un poco más adelante. Es una síntesis clara y ordenada de mi pensamiento lo que pretendo...

Analicé qué formas de gobierno son mejores. Me decanté por la monarquía y, luego, por la aristocracia (gobierno de los mejores), pero mi experiencia me mostró la imposibilidad de un rey ni un grupo de personas que gobiernen perfectas o intachables. Por esto, he llegado a la conclusión de que la mejor forma de gobierno es la Politeia (la República), pues en ésta se da el gobierno de la clase media, los ciudadanos, y no cae en los extremismos de la oligarquía que normalmente se rige por el capricho de los oligarcas y sus advenedizos, ni de la democracia, que tiene en cuenta la opinión de todos y es tan manipulable. Cuando, en alguna ocasión, me han preguntado cuál es la Constitución que me parece modelo, he dicho que la que se acordó en Atenas poco antes de la nonagésima segunda Olimpiada.

No todos son ni pueden ser ciudadanos. Los esclavos están descartados por naturaleza, las mujeres también. Entre los demás, es necesaria cierta riqueza para que puedan participar de manera comprometida en el gobierno de la ciudad. Como saben, la Politeia supone la continua participación en las asambleas ciudadanas para tomar las decisiones verdaderamente importantes para la Polis; por esto es necesario cierto desahogo económico que permita dedicar los días necesarios a esta obligación.

Ese compromiso con la ciudad, el más importante para el ciudadano y el buen funcionamiento de ésta, debe durar toda la vida, aprovechándose para el beneficio común la capacidad o experiencia de que se disponga en cada momento. La juventud por su ímpetu está obligada a la defensa de la ciudad; la madurez, cuando está acompañada de la inteligencia, es responsable para el desempeño de los cargos públicos; y de la vejez surgen los consejeros ciudadanos para las cuestiones de la Polis, encargados además del mantenimiento de las tradiciones religiosas.

Me di cuenta de que hay dos virtudes fundamentales para la ciudad, tal y como existen virtudes para la persona. Entiendo por virtud el actuar correcto, equilibrado, habitual respecto a los sentimientos o las acciones que realicemos; por supuesto que esa acción sea beneficiosa para nosotros. En el caso de la ciudad la virtud fundamental es la justicia, que he llegado a entender como la existencia de unas leyes que acerquen al bien común, y por supuesto la obediencia a las leyes por parte de los ciudadanos. Pero me daba cuenta de que hay dificultades para la aplicación concreta de las leyes a las personas y las situaciones, por esto es importante también la virtud de la equidad o la capacidad de interpretar y aplicar correctamente las leyes; esta virtud ha de poseerla esencialmente el magistrado. Se ve claro que entiendo la sociedad como un todo, en el que cada una de las partes ha de funcionar para el equilibrio del resto, tal y como sucede en los organismos.

La organización política, tal como la he propuesto, se delimita en muchos más aspectos. No es éste el lugar apropiado, visto el objetivo de este escrito, para detenerme en todos los pormenores...

Sí he de señalar, después de mi experiencia, que es importante la permanencia de una Constitución en el tiempo, pues de esa manera existe un ajuste social que favorece el bien común. Incluso he llegado a decir que es preferible la permanencia de un gobierno malo que el continuo sucederse de revoluciones que destruyen la ciudad y la convivencia. Ahora que redacto estas breves memorias, no lo suscribiría, quizás, de la misma forma...

En mi trato, no todo lo amplio que me hubiera gustado, con Antístenes, y con alguno de sus alumnos, sobre todo, recibí un regalo en forma de pregunta que confirmaba lo que intuía sobre el funcionamiento de la naturaleza: ¿Para qué?

Aplicada esta pregunta a las cosas del hombre, puede decirse que indica la orientación hacia la conducta. El verdadero fin de la Constitución política es el bien común. El verdadero fin del hombre es la felicidad. ¿Para qué, en el fondo, hacemos?

No descubrí ningún territorio nuevo con mis intuiciones, si acaso ofrecer unas pautas complementarias a las ya ofrecidas por otros filósofos para recorrer el camino hacia la meta. Para empezar, he comprendido que la felicidad es una potencialidad humana, nacemos con la tendencia a ser felices; serlo es la meta última de la vida. Nacemos también con la tendencia a la virtud, y con la capacidad de darnos cuenta qué nos hace felices o no, qué nos hace crecer o no, qué acciones o vivencias nos hacen sufrir o nos alejan de nosotros mismos. Nacemos con la capacidad de padecer, de tener pasiones, o vivencias que aparecen en nosotros ajenas a nuestra voluntad. Y nacemos con la capacidad de ser conscientes de ellas y gestionarlas, por tanto.

No podemos hablar del camino hacia la virtud sin referir a la psicología. En el alma se juega al fin el destino de nuestra vida. En la parte vegetativa de nuestra alma aparecen las pasiones asociadas al cuerpo, la necesidad de alimentarse, dormir...; en la parte sensitiva surgen las pasiones asociadas a las emociones, a los sentimientos...; en la parte racional, el entendimiento, encontramos la capacidad de deliberar y elegir.

Estaba completamente de acuerdo con mi Maestro. ¡Quién no experimenta en su vida conflictos, contradicciones, la sensación de que hay varias repuestas o acciones ante una misma situación! Él lo expuso bellamente en el Mito del carro alado... Estos conflictos surgen de la interacción entre las partes de nuestra alma. Hablaba mi Maestro en el Mito del alma racional representada por el auriga del carro, que tenía la misión de templar los caballos...

¿Cómo templar mediante el entendimiento las pasiones que provienen de las otras partes del alma? Ni tuve que plantearme que el camino pasa por lograr la virtud. *¿Qué es?* -

me preguntó un alumno cuando aún impartía clase en la Academia-. Me dio que pensar. Ya he señalado antes qué importantes son las preguntas para el progreso del conocimiento.
- *La virtud es el hábito positivo* -pude responderle en ese mismo instante. Se ve que la reflexión interior sobre el tema había ido produciendo sus frutos, unos frutos de los que me di cuenta en ese momento.
- *¿Qué entiendes por hábito positivo?* -volvió a preguntar.
- *Actuar de manera similar y beneficiosa para ti en situaciones parecidas. Un hábito positivo es alimentarse correctamente, lo que se hace en cada una de las comidas, o mantener la higiene.*
- *¿Y un hábito positivo referido al alma?* -continuó.
- *La generosidad, o la valentía.*

La unión de diálogos como éste con la meditación pudo ir construyendo mi teoría sobre las virtudes. A veces procedía de mi reflexión sobre las observaciones realizadas, o a raíz de lecturas que iba haciendo; otras veces era provocada, como acabo de señalar, por el cuestionamiento de los alumnos, tan importante para mi progreso, y para el suyo.

Me di cuenta de que hay dos tipos de virtudes, dependiendo de la parte del alma que intervenga. He llamado Dianoéticas o intelectuales a las que se actualizan desde el entendimiento, gracias a la enseñanza y la reflexión. Llamé Éticas o morales a las que aparecen cuando templamos nuestra alma irracional gracias a la actividad de nuestro entendimiento.

Me preguntaba cómo alcanzábamos a lograr el hábito positivo que supone la virtud. Y viendo que funcionamos, como la misma naturaleza, buscando fines, concluí que el inicio se halla en el deseo de lo bueno. Cierto, no siempre se halla a mano, pero es una tendencia irrenunciable para el hombre. Al deseo ha de seguir la conciencia del mismo y la deliberación de los medios para alcanzar el objetivo. Por último, elegir los medios y tener el coraje de aplicarlos. Para la adquisición de cualquiera de las virtudes es necesario el uso de nuestro entendimiento, la herramienta de nuestra posible claridad personal, el timón al fin de nuestro destino; y por supuesto la voluntad para llevar a puerto el barco de la decisión, cumpliendo el objetivo previsto.

Existe en nosotros la virtud en potencia, en cada uno de nosotros, y la educación tiene el deber que convertirla en una realidad.

La templanza o *el justo medio entre los extremos de la intemperancia o libertinaje y la insensibilidad*, cito una definición que ofrecí a mis alumnos, es una de las virtudes éticas más importantes. Cuando había de explicárselo, les hablaba del hábito de mantener la calma en todas las situaciones de la vida.

La valentía es el hábito de enfrentar las situaciones con prudencia, frente a los excesos de la cobardía o la temeridad. Esta virtud es la más importante que debían atesorar los guardianes de la ciudad, según mi maestro.

La generosidad es otra de las virtudes fundamentales, entendida como el medio entre la avaricia y la prodigalidad. Entendí que esta virtud es una cierta y benigna atadura para la convivencia.

Y, por su supuesto, como sucede en la ciudad, la justicia. Sigo entendiendo la justicia como el respeto a las orientaciones del entendimiento, y el orden que se produce en la persona cuando se deja guiar desde el mismo y los hábitos positivos logrados.

Me interesó siempre que mis alumnos asimilaran bien el sentido de la virtud de la justicia. No puede entenderse si no acudimos a las virtudes intelectuales. Estas son la verdadera guía de la persona en el fondo y en la forma. Primero, la sabiduría refiere al conocimiento profundo del Cosmos, de sus principios, de las relaciones entre éstos. Puedo decir que se adquiere a través del estudio, pero también hay una percepción intuitiva de los mismos. Alcanzar la sabiduría es, sin duda, la cima de la existencia, por sí misma, sin ningún otro fin, el gozo logrado al adquirirla justifica todos los esfuerzos. Porque en el Cosmos habitamos, y conocerlo es conocernos a nosotros mismos, un saber que nos proporciona orientaciones ciertas hacia la buena vida.

La prudencia es la virtud en la base de todas las virtudes. La he definido como *la reflexión sobre lo conveniente*, pero es más fácil de entender que refiere a la deliberación acerca de la forma de llegar a las metas que nos convienen, a la virtud, al fin y al cabo, o a la vida virtuosa que, bien asentada, hace más fácil recorrer con tino los senderos de la vida. Se me ocurrió una regla orientativa sobre el uso de la prudencia, el silogismo práctico: *teniendo claro cuál es el fin que pretendemos, y cuáles son los medios que nos llevan a él, ejecutar los medios*. Este silogismo, me lo dijo un día Teofrasto y no se me ha olvidado, puede tener un mal uso. Está claro. Tiene validez si y sólo si el fin es la vida virtuosa, y los medios van esa dirección…

Me daba cuenta de que hay actividades que realizamos, o virtudes, que son consecuencia de la aplicación práctica de las virtudes intelectuales. La Poesía, que ya definí antes, y la Política, sólo son posibles como actividad virtuosa desde la guía que proporciona la sabiduría y la dirección que imprime a las acciones la prudencia.

Debes tener perfectamente claro, querido lector, que la virtud es medio entre dos extremos, es decir, proporción o equilibrio en las vivencias y las acciones. Si has leído mis éticas, que pueden orientarte más que estas sintéticas palabras, recordarás que analizaba detenidamente infinidad de virtudes.

Calístenes, mi sobrino -me ha quedado también en la memoria- me hizo la pregunta decisiva cuando estaba impartiendo la parte de la Política referida a estas características de la virtud. *Está claro cómo se define cada una de ellas, y cuál es el medio y los extremos para cada una de las virtudes, en teoría y en general, pero ¿cómo llevarlo a la práctica en cada caso concreto?*

Hube de responderle que *el ejercicio de la sabiduría nos hace sabios, mientras el ejercicio de la prudencia nos hace prudentes. La aplicación para las situaciones concretas es una consecuencia… De todas formas, sí puedes imaginar cómo actuaría un hombre magnánimo o prudente a la hora de actuar. Muchas veces en nuestra vida hemos tenido la suerte de tratar con personas así en algún sentido, y queda en nuestra experiencia esa manera de ser que puede servir de orientación… Pero, lo más importante, practica la prudencia, ejercítate en el uso el silogismo práctico, e irás viendo cómo la prudencia se hace parte de ti, te forma, se convierte, como todo lo adquirido, en tu segunda naturaleza.* Actuando repetidamente en la misma dirección, realizando una y otra vez una acción… así se logra la virtud, así ésta deja de ser un fin para convertirse en parte de nosotros mismos.

Si la meta de la vida es la felicidad, quedaba por resolver cuál es el camino que nos conduce a ella. Me oponía a puntos de vista como los de los sofistas. Estoy perfectamente de acuerdo en que la riqueza no la proporciona, pero sí es importante una situación económica acomodada; no de otra forma se puede dedicar energía y tiempo a cuidar el alma, y la parte superior del alma, el entendimiento. Sin cierto nivel de riqueza el ocio es imposible, sin ocio no es posible la filosofía, o la actividad contemplativa si quieres.

Tenía conocimiento de que prácticamente todos los hombres sabios rechazan como manera de felicidad la fama, el prestigio, el honor, dándose cuenta de que supone poner el bienestar personal en lo externo, en la opinión ajena. Nada que objetar.

Aprendí de la experiencia, en este caso la observación de mí mismo y la consecuencia de mis acciones en mi ánimo, que la felicidad es una vivencia interna, íntima. La máxima felicidad viene de la parte del alma propiamente humana, el entendimiento; por tanto, está relacionada, la experiencia no engaña, con la actividad contemplativa, con la sabiduría.

Poco a poco se ha ido formando en mí una conciencia verdadera de lo esencial y lo accesorio. Tuve la suerte de nacer en una familia libre y acomodada, me acompañó una educación favorecedora de mi entendimiento gracias a la Naturaleza y a mis padres, luego Próxeno y mi hermana me trataron como un hijo al recogerme tras el fallecimiento de mis progenitores. Acierta mi cuñado cuando me envía a la Academia, sin cuya experiencia difícilmente hubiera sido posible -en realidad nunca se sabe del todo- una formación encaminada a la realización de mi potencial humano.

He de reconocer que la perfección no existe. Posiblemente algunas de las opiniones que he considerado afirmaciones ciertas pueden descubrirse con el paso del tiempo equivocadas… Sí he escuchado esa intuición interior que orientaba mi vida en la dirección que he seguido. Sí espero que el trabajo de toda una vida no sea en vano, y que los hombres venideros puedan aprovecharlo para su mejora personal, para la mejora de la sociedad, para un mejor conocimiento del Cosmos que es, en el fondo, el conocimiento de nosotros mismos…

Zhuang Zi, el caminante en el Tao

> *...Por eso un gran hombre se conduce sin causar daño a los demás, y no se vanagloria de su benevolencia ni de sus favores. No actúa por interés, ni desprecia al portero o al siervo, ni contiende por las riquezas, ni alardea de sus concesiones o de sus renuncias. A nadie pide ayuda, sin por ello enorgullecerse de su solo esfuerzo. No se rebaja al extremo de los ambiciosos y corruptos. Se aparta en su conducta del común de los hombres, mas no se muestra ufano de ser diferente. Y cuando sigue a la multitud en su obrar, no se baja al extremo de los picos de oro y aduladores. Dignidades y rentas no bastan para persuadirle, ni castigos y humillaciones son bastante para avergonzarle. Sabe que entre el "es" y el "no es" no hay distinción, y tampoco límites entre lo menudo y lo grande. He oído decir: "El hombre de Tao no es conocido, el hombre de perfecta Virtud no triunfa, el gran hombre carece de yo" (Zhuang Zi).*

Me contaba mi padre cómo nació con el obsequio de la intuición y la inquietud. Pudo haber sido su vida como la de tantos otros, como tenía previsto su padre. Mi abuelo era un funcionario importante en la administración del Estado de Song, donde hemos nacido, en concreto en la ciudad de Meng. Quería para mi padre, que recibió del Cielo (la Naturaleza) la inteligencia suficiente, la carrera administrativa.

Sin pertenecer a la nobleza, nuestra familia, desde mi bisabuelo, ha dispuesto de los recursos suficientes para permitir la educación adecuada de todos nosotros... Llegó mi padre a ser Intendente de los jardines de laca, por designación real, un trabajo de cierta consideración y, sobre todo, como dice mi padre aún, que permitía mucho tiempo libre. Al realizar este trabajo, mi padre cumplió con las expectativas de mi abuelo. Tal vez podía haber seguido ascendiendo en la pirámide del Estado, en la social también. No iban en esa dirección sus intereses. Le ofrecieron ascensos, incluso un puesto de importancia en la corte, pero mi padre lo rechazó. Un puesto superior sabéis qué significa... los ropajes de seda, los sombreros que muestran la dignidad social del hombre, el vehículo para desplazarse... Nada de esto le interesaba a él, que tenía sus miras en otros asuntos, en progresos internos más que en su relevancia mundana...

Su educación no distó mucho de la que recibían todos los hombres de nuestra condición. Sobre todo, hubo de dominar, luego del aprendizaje de la escritura y los rudimentos matemáticos, los Cinco clásicos y los Cuatro libros, necesarios para superar las pruebas de acceso a la administración imperial. Si me preguntáis cuáles son estos libros, puedo deciros que muchos tienen base en las enseñanzas de Confucio. Si tenéis más curiosidad, puedo indicaros que son El I-Ching (Libro de cambios), El Libro de la Poesía Clásica, El Registro del Rito, El Libro de la Historia Clásica, Los Anales de primavera y otoño, Las Analectas de Confucio, Los Trabajos de Mencio, La Doctrina del Justo Medio y El Gran Libro del Conocimiento.

No le fue difícil, ya he hablado de su inteligencia que, para superar los exámenes, en los que se pedía la comprensión de los textos citados, había de ir asociada a la memoria.

Superó mi padre la selección, entre muchos, y no quedó en mal puesto. Al menos tuvo la nota suficiente para quedar cerca de casa, en el mismo Estado de nuestro nacimiento, del que, a lo largo de su vida, se movió poco.

La inquietud es unos de los regalos más importantes del Cielo. Toca a quien toca. Y lleva a buscar en la vida una satisfacción que está más allá de las complacencias con que se conforma el común de las gentes. Decía mi padre que esa satisfacción que ha logrado es la consecuencia de una insatisfacción vital que le reclamaba, sin excusa posible, llenar ese vacío… De manera que se ve interesado, absorto más bien, en el conocimiento que va más allá del conocimiento. ¡Qué difícil de explicar! Si fuera capaz de expresarlo, quedaría la esencia de toda la doctrina que ha formulado más adelante…

Toda su búsqueda, ésta a la que ha dado lugar la insatisfacción sentida, puede resumirse en una palabra que, si bien no puede recoger toda su realidad, significa un origen y una meta: Tao.

Dejando de lado, por fin, su trabajo burocrático, se dedicó a su tierra, labrarla, obtener los alimentos suficientes para vivir, cuando digo alimentos me refiero a recursos, también a la ropa de lino que usábamos todos, la casa pequeña redonda y de argamasa con el techo vegetal que habitábamos, el calzado de lino o de piel obtenida de los pocos animales que cuidaba. Prefirió, pues, la humildad a la riqueza, el anonimato al prestigio, la vida natural al artificio… todo en perfecta consonancia con la sabiduría que iba haciéndose…

Como todos los opositores a funcionarios de la administración, tenía un conocimiento suficiente de la doctrina del maestro Confucio. Lo que no significa seguirla a rajatabla, ni siquiera estar de acuerdo con sus orientaciones.

Él tenía su punto de vista, que fue llevándole gracias a su atención a la categoría de sabio. Mi padre lo era, sin duda. En su libro y, sobre todo, en su vida, ha dado muestras de este logro que, más que una meta alcanzada, es un abandono…

Todo hombre tiene un referente, al menos, como todo conocimiento que se hace hoy tiene sus antecedentes. Los suyos, a lo lejos, fueron Huang di (el Emperador Amarillo) y Lao Dan, de los que nos han quedado los primeros esbozos con palabras sobre esta realidad difícilmente explicable que es el

Tao; más cerca se nutrió de la luz mostrada por Lao Zi en su obra...

Cuenta mi madre que, a pesar de su conocimiento -yo podría decir gracias a él, vista la visión del saber que atesora mi padre y nos ha trasmitido-, siempre ha sido un hombre humilde en sus gestos, cada vez más humilde, este campesino que ha conectado con su naturaleza de hombre bueno y vive desde ella. Esto es el Tao.

Explicar el Tao, sin embargo, es casi imposible. Nosotros, excedidos en el uso de nuestra inteligencia, buscamos explicar y definir todo lo que existe y también todo lo que nos va sucediendo a lo largo de la vida. Comprendemos el Tao desde el interior, visceralmente, a través de los nervios y los órganos, en la conciencia de nuestra respiración y el ritmo del corazón dentro de nosotros; se nos escapa si intentamos encerrar en palabras esta realidad que somos y al mismo tiempo nos sobrepasa.

Pero hemos de intentarlo, como lo ha intentado Lao Zi, como lo ha intentado mi padre. El Tao está más allá de nosotros y al mismo tiempo es la sustancia que compone todo lo que existe, está dentro de nosotros. Somos parte de él, como cada una de las cosas que hay en el universo no son sino formas concretas en las cuales se manifiesta. No es material y se muestra en los seres y sus actividades. Es energía, la energía que existía antes de la existencia del universo y que está en la base de todos los sucesos del mundo natural. La energía que circula por nuestro organismo, a la que llamamos vida. La vida de todos y cada uno de los seres la naturaleza. La fuerza que permite que el universo, gigantesco organismo, funcione tal como lo hace. El movimiento del mundo, que podemos observar cómo no se detiene: el día y la noche, las estaciones, los sentimientos humanos que van sucediéndose como en una especie de equilibrio general entre contrarios (frío-calor, día-noche, lluvioso-seco...), las sensaciones humanas y animales (alegría-tristeza, amor-odio, vitalidad-falta de energía, ilusión-desánimo, hambre-saciedad, sueño-vigilia...), los logros humanos verdaderos o no (sabiduría-ignorancia, infamia-gloria, anonimato-fama...).

Gustaba a mi padre expresar qué es Tao con imágenes o haciendo referencia a las actividades naturales o humanas. El agua o el fuego muestran su curso. Los movimientos del agua en la naturaleza, desde su evaporación a la lluvia, su recorrido por el interior o la superficie de la tierra -ríos interiores o externos-, por el mar, para volver a empezar. Todo siguiendo un orden, un flujo cíclico. El orden desordenado que se muestra en el movimiento de las olas, en las figuras que el viento dibuja en la superficie de los lagos, o que van formándose en el avance por la corriente del río, más si es mayor la inclinación y los obstáculos que se encuentra en su curso. Las esculturas en los troncos de los árboles, en sus ramas, las formas caprichosas -incompresibles dibujos- en el paisaje. Las formas de los pájaros y los peces, sus decires diversos, sus maneras de desplazarse por el aire o el agua...

Usaba ejemplos de los artesanos para que pudiera ser comprendido. Recojo directamente uno de su libro: *Este su siervo no es más que un artesano —le respondió Qing—, ¿qué industria podría tener? Mas con todo, algo tiene. Cuando este siervo hubo de hacer un armazón para campanas, no osó disipar su energía vital; ayunó sin falta para sosegar su mente. A los tres días de ayuno, ya no albergaba ningún pensamiento acerca de felicitaciones, recompensas, títulos o rentas. A los cinco días de ayuno, ya no albergaba ningún pensamiento sobre censuras o elogios, sobre habilidades y torpezas. A los siete días de ayuno, improvisadamente dejó de pensar que tenía cuatro miembros y un cuerpo. En ese momento se olvidó por entero de la corte, tan ensimismado en su arte, que desapareció todo el alboroto del mundo exterior. Se adentró después en el bosque y estuvo examinando la naturaleza de los árboles, hasta que dio con el árbol de forma perfecta. Entonces surgió ante sus ojos el armazón para campanas, y después puso manos a la obra. De no haber sido así, no lo hubiese hecho. De esta manera, la naturaleza de este siervo se ha conformado cabalmente a la naturaleza del árbol, y por eso imaginan que lo por él fabricado sea obra de un dios.* .

O el del fabricante de la rueda para el carro, que no es capaz de enseñar el arte a su hijo. Porque, más allá o más acá de las palabras, hay un conocimiento intuitivo que permite alcanzar esta realidad que las palabras no entienden.

Le pregunté a mi padre sobre esta dificultad de comprender el Tao. *Somos Tao, formamos parte del Tao, nuestra conciencia ha surgido de él. Como el filo de la espada no puede cortarse a sí mismo, nuestra conciencia no puede acceder a la profundidad del misterio* -me respondió.

El Tao es misterioso, estando a la mano no puede cogerse, estando a la vista no puede verse, estando al oído no puede oírse. Sí podemos percibir sus manifestaciones, cuando nuestra mente está quieta, y no corriendo de un lado a otro, cuando nuestra conciencia es un espejo en el que se muestran los seres y los fenómenos tal y como son, sin preocuparnos más que de acomodarnos al flujo mismo que constituye el universo -continuaba mi padre.

Venían a verle, a menudo, los vecinos para que les orientara en algún aspecto de sus vidas, incluso los funcionarios, cuando se encontraban con obstáculos en el desempeño de su oficio. Él siempre permanecía igual a sí mismo, tratando a cada uno con el mismo benigno ánimo. En las conversaciones con ellos que pude escuchar -las supongo una muestra de las que tuvo a lo largo de su vida, sobre todo en esta última etapa de la que estamos hablando- siempre se dejaba ver, más que la teoría con la que interpretaba el mundo, su mirada ecuánime y comprensiva. Había llegado mi padre a ser un sabio.

Nos asemejaba a navegantes en el mar de la existencia. *No depende de nosotros -decía- qué pueda suceder, el Cielo (la Naturaleza) tiene sus propias leyes. Sí depende de nosotros acomodarnos al ritmo del Tao, aprender a vivir cada momento, darnos cuenta de que los éxitos llegan cuando aprovechamos la oportunidad y los fracasos o pérdidas un devolver aquello que nos había llegado. Nada somos, nada tenemos, esta es la primera verdad con la que uno ha de vivir. Quien crea lo contrario está equivocado. Vinimos al mundo cuando llegó la hora, nos vamos del mundo cuando cumple el tiempo. Vida y muerte, alegría y tristeza, realidad y sueño... no son sino las diversas caras sucesivas de la realidad en la que vivimos. Aceptar esto es haber alcanzado la verdad.*

Me doy cuenta de que mi padre tenía razón. Y de que el cómo llega cada uno a llevar las velas de su vida tiene que ver con la inteligencia y con la suerte. Él daba a la inteligencia un significado distinto del usual, porque para él era sobre todo la capacidad para comprender y vivenciar el Tao.

Distinguía dos mundos en el mundo humano. El mundo de los sabios, de los aspirantes a sabios, y el mundo cotidiano. El mundo cotidiano es, para él, el formado por las personas que ponen el acento en lo externo, en el aparentar en los bienes y en los gestos, el sobredimensionar la imagen pública por encima del sentimiento personal, el guiarse por las leyes más que por la vivencia honda que marca el verdadero ritmo de la vida. Para nada se daba en él falta de respeto hacia aquellos que vivían de esta manera, consciente como era de que, en el reparto de habilidades e intenciones, cada uno había recibido su parte.

Mencionaba a menudo el mundo de los sabios, de distintas formas. Decía que en la antigüedad casi todos los hombres eran sabios, al atenerse al ritmo natural. No había entrado aún a gobernar la inteligencia con sus distinciones y su medición de los méritos en la escala social, con su definición de virtudes a las que había que atenerse. Cuando apareció la inteligencia, es decir, los hombres que ponían la inteligencia y sus resultados por encima de la vida, llegó el caos. Empezó a considerarse a los hombres por méritos que no eran tales, como la riqueza o el cumplimiento de los ritos, como el vestido o la posición social.

Los hombres verdaderos de la antigüedad no habían caído en estos errores, inmersos en el ritmo natural del Tao como vivían. Su mirada era franca y su intención honesta, su palabra tenía más valor que todos los contratos, cuidaban con naturalidad su cuerpo y vivían acorde a las estaciones y los días, conformes con el logro del alimento diario y del habitáculo que les protegiera de los elementos. En su corazón no había artificios. En palabras de mi padre: *Los hombres verdaderos de la antigüedad, cuando dormían no soñaban, ni tenían cuitas cuando velaban. No comían ricos manjares; su respiración era profunda. La respiración del hombre verdadero llega hasta los talones. Los hombres verdaderos de la antigüedad no conocían ni el amor a la vida ni el horror a la muerte. Ni se holgaban de haber nacido, ni dejaban de aceptar su muerte. Partían tan naturalmente como habían venido; eso era todo. No olvidaban su origen, y no buscaban su final. Aceptaban alegres lo que les venía, y cuando algo perdían lo tenían por retorno. Esto es no menoscabar el Tao por usar de la propia mente, y no pretender ayudar al Cielo usando de humanas acciones. Esos son los hombres verdaderos. Los tales hombres eran de mente serena, tranquilo talle, y despejada frente... Sabían adaptarse a todos los seres, y nadie conocía su secreto... Los hombres verdaderos de la antigüedad eran de talle altivo, y en modo alguno pusilánimes. Parecían faltos de algo, mas nada aceptaban. En el trato con los demás eran muy particulares, mas obstinados no eran. Su ánimo, vacío, sin ornamento alguno. Libres y felices, parecían rebosar de contento. Sólo actuaban cuando no podían menos. La plenitud de su interior se mostraba en su amable rostro. Grande era su virtud, y las gentes buscaban en ellos apoyo. Vasto era su espíritu, que al entero mundo igualaba. Tan alto y lejos llegaba su libertad, que ningún rito ni ley la podían estorbar. Por su silencio parecían tener sellados los sentidos; y tal era su desapego del mundo, que se dijera habían olvidado el uso de la palabra… No se esforzaban en obrar, mas todos les tenían por hombres muy activos…*

Me dice mi padre que ha dejado sus escritos por la necesidad, ese afectivo deseo que ha sentido, cada vez más intenso, de favorecer el progreso de otras personas hacia la sabiduría. En su vida cotidiana no era muy hablador. Mostraba en sus actos, y sus palabras aparecían, ciertas, sólo cuando tenía algo que decir, bien alejado de una comunicación insulsa, como sucede en el trato humano tantas veces… No es la benevolencia, tal como la entendían los confucianos la que originaba esta actitud. Entendía que la benevolencia es una manera de expresar este deseo de su corazón, y no le gustaba que la persona hubiera de encajar en la actitud benevolente como una obligación. No le gustaban las cadenas, y todas las virtudes entendidas así lo son. Entendía que cada uno ha de encontrar su propia libertad, y ésta se halla en el reencuentro con la naturaleza primigenia, el Tao.

Tenía bien claro el modelo de hombre que quería transmitirnos, el hombre verdadero de la antigüedad, pero también el hombre perfecto o el hombre virtuoso… Mostraba a su persona, sabia, tal como he tenido el privilegio de conocerle y tratarle… Cierto que venían a consultarle, o le preguntábamos mi hermano y yo. Dejaba ver con las palabras, más con sus acciones, su manera de entender al hombre, al Tao.

La perfección no existe, decía. Pero hablaba del hombre perfecto. Cuando le preguntamos por esto, nos contó un cuento sobre el hombre que no sabía nadar. Vivía cerca del río. Un día, siendo pequeño, unos niños le empujaron al agua. Le cubría y casi se ahoga. Desde entonces nació en él un terror incontrolable al río. Un temor que aparecía en sus imaginaciones y en sus sueños, en los que se veía ahogándose. Temía incluso subir a la balsa que cruzaba el río de una a otra orilla… En la estación cálida, mientras sus amigos se bañaban dentro del agua, jugando en las cercanías de la orilla, él permanecía alejado, precavido, temeroso… Había dos profesiones a las que podían dedicarse los aldeanos: la pesca o el cuidado de la tierra y los animales. Su familia era de pescadores y, por mucho que su padre y sus hermanos intentaron quitarle el miedo, enseñarle a nadar, no había forma de que se introdujera en el agua… Empezó a trabajar la tierra; no le gustaba, se sentía dedicado a labores que no le decían nada. Al miedo al agua se unía ahora la incertidumbre sobre su futuro… Le hablaron a su padre de un sabio que curaba los miedos. El sabio vivía a cincuenta li (veinticinco kilómetros). Para ello habían de cruzar un río, menos mal que un puente lo hacía posible, ya cercana la casa del sabio. También le costó cruzar el puente… El sabio estaba, cuando llegaron, sentado a la puerta de su casa haciendo un cesto de mimbre. Les dijo que se sentaran, esperándole un poco mientras terminaba de hacer un nudo complicado y formaba el armazón del cesto. Vieron cómo entretejía las varas al tiempo que el cesto adquiría el boceto de la forma que tendría al final. Vieron cómo movía las manos, en un moverse armónico que emergía del cuerpo como la luz surge de la vela. Vieron cómo el mimbre se plegaba a los deseos del artesano. Todo en silencio… Hui Neng, el sabio, les preguntó qué deseaban. El padre le relató el motivo de su visita… Pidió el sabio que dejara al hijo un tiempo en su compañía. Él sintió temor, pero su padre, tras hacerle varias preguntas al sabio, accedió a su petición… Quedó el hijo en tanto el padre regresaba a su casa.

Esa noche, tras ingerir una sopa de mijo y un poco de arroz, recién oculto el sol, se durmieron. Tuvo, cómo no, pesadillas… Al día siguiente, tomado el desayuno, Hui Neng pidió que le contara cuál era su problema. A *lo que le dijo mi padre*, respondió que se lo contara con sus palabras… Le solicitó que le acompañara. Tras un recorrido de un par de horas llegaron a un lago no muy grande, de aguas transparentes, en el que se veían nadar los peces con sus movimientos sinuosos. Se sentaron en la orilla, sobre unas rocas un poco elevadas. Le dijo que respirara hondo, hasta los talones, mientras se concentraba en la respiración. Le indicó que notara cómo al ocupar su cuerpo se le desvaía el miedo. Así fue… Le dijo luego que mirara el agua, que se fijara en los peces, en su movimiento, que se dejara empapar por su visión del agua y de los peces. Él, no sabía por qué, confiado completamente en el sabio, así lo hizo. Le preguntó este cómo se sentía. *Sin miedo.* Y le recomendó que se dejara abandonar a esa sensación de libertad. Así lo hizo… Volvieron a casa dando un pequeño rodeo para recorrer una parte más amplia de la orilla del lago… Por la tarde, antes de la cena, Hui Neng le preguntó sobre su experiencia en el agua. Él le respondió, sin trazas de miedo, que se había sentido bien… Al día siguiente, a la misma hora, hicieron el mismo recorrido. Y la primera parte de la mañana repitieron las mismas acciones. Tras ello, le dijo Hui Neng: *¿Te atreves a meterte en el agua?* Le respondió que sí. *No mucho, solo un poco, que te llegue hasta las rodillas.* Así lo hizo. *¿Ves que no pasa nada?... Ahora siéntate.* Se sentó. El agua le llegaba casi hasta la altura de los hombros, mientras algún pececillo, torpe, tropezaba con su cuerpo, haciéndole cosquillas, llamándole la atención. *Ya está bien por hoy. Vámonos…* Por la tarde, repitieron el análisis de la experiencia en el lago. Contaba él que había empezado a cambiar el miedo por una sensación de bienestar, esta sensación de sentirse envuelto, arropado por el agua… Al día siguiente, Hui Neng estuvo nadando mientras él le observaba. Le pidió sólo que, mientras respiraba consciente, se fijara en sus movimientos. Tras salir, le solicitó que explicara cómo se había movido. *Parece que imitas el movimiento de los peces. Lanzas un brazo, lanzas otro, mueves los pies, te mantienes a flote, sacas la cabeza para respirar cada dos brazadas...* Le llevó Hui Neng a otra zona del lago, en la que se había formado una piscina natural, con el agua a una altura inferior a su cuerpo. *Intenta hacerlo tú ahora,* le dijo, *ya has podido comprobar que no te cubre.* Él lo hizo, torpemente al principio, con más soltura a medida que iba acomodándose al agua. Le contó por la tarde cómo había disfrutado del contacto del agua con su cuerpo, como una caricia que permaneciera mientras se desplazaba por ella, cómo el nadar le parecía algo natural que conociera de siempre, cómo sólo dejándose llevar sus brazos encontraban el ritmo al unísono con sus pies... *¿Y el miedo?*, le preguntó el artesano. *Ha desaparecido al darme cuenta de mis capacidades, de mi destreza para mantenerme a flote, de mi capacidad para nadar, de mi habilidad para superar ese temor, de mi capacidad de disfrutar del agua, dejándome llevar en ella en vez de resistirme...* Al día siguiente pudo nadar en al agua abierta del lago. Y las vivencias que había tenido se reafirmaron. *Tu miedo era un obstáculo en tu vida, tú eras tu propio obstáculo. Cuando te has dejado llevar, cuando te has olvidado de ti, el obstáculo ha desparecido, le dijo Hui Neng...* Cuando, pasados días, Hui Neng le acompañó a su aldea, él era otro. Se notaba en la placidez de sus facciones, liberado de tanto peso -el miedo, los miedos-, competente para decidir sus acciones...

El hombre perfecto es aquél que no es obstáculo para sí mismo, no se resiste al flujo de la energía en él, es un recipiente natural en el que todas sus ocurrencias tienen su sitio y tienen su importancia, nada en la vida con la naturalidad de un pez en el agua, dando cabida a todas sus vivencias dentro de su vacío sin fondo... -nos dijo mi padre.

Era una persona activa. Todo el día trajinaba de un asunto a otro; en ningún momento le vi con la excitación de las prisas ni la preocupación por las metas. Vivía el día a día con toda naturalidad y, si bien el final de la jornada estaba cansado, no suponía un desgaste su actividad cotidiana. Más que hacer era un dejarse fluir en las acciones, un no-hacer más productivo que la presión por las metas... Su quehacer diario era plácido, rítmico, pausado, los gestos lentos, la mente concentrada en lo que estaba haciendo, vacío de pretensiones más allá de esta tarea que realizaba con todos sus sentidos, con momentos en los que se dejaba caer de espaldas contra el tronco del almendro y permanecía ensimismado en su respiración, absorto en el entorno. Este no hacer es, puedo decirlo, una de las claves de su vida, este dejarse fluir en la tarea en vez de vivirla como una obligación y una carga... Pienso que hizo bien abandonando su puesto de funcionario para dedicarse a su tierra. Aquí podía vivir con más naturalidad el ritmo de la naturaleza, encontrarse viviendo en el Tao, los quehaceres adaptados a la estación, las horas vividas distintas según las estaciones, más raíz y menos criatura en el sentido de que su inteligencia había dejado abandonadas las disquisiciones inútiles y se vivía desde una intuición que era su brújula, una brújula que, como la del gato, no fallaba nunca... Había alcanzado esta sabiduría orgánica gracias a la que, vacía la mente, vivía en armonía, en la armonía de todos los elementos de su cuerpo. Atento a las necesidades de su cuerpo, se alimentaba de forma austera, disfrutando de los alimentos sencillos que tomábamos como si fueran manjares, puestos todos sus sentidos en el comer, también en el decir o el escuchar mientras comíamos juntos. Atendía a los sentidos y a los sentimientos, llenándose la vista de la belleza de los seres y el oído de la belleza de los sonidos –él no lo expresaría así, seguramente, lo vivía sin más; naturalmente emergían a su conciencia los distintos sentimientos, la tristeza por las desgracias, la alegría por los sucesos afortunados, la confusión ante situaciones que le desconcertaban... viviéndolos sin agarrarse ni someterse a ellos. Atendía a la inteligencia, que había educado con la práctica para este uso correcto que le daba, permitiendo que le mostrara comprensiones de los sucesos y soluciones a las dificultades que se le presentaban en su vivir diario-.

Mi padre había *desatado el nudo*, se había liberado de la dependencia de las cosas y el influjo en su persona de las circunstancias, su ego había dejado de ser un obstáculo para sí mismo. En muchas ocasiones hablaba de la vida como un suceso de victorias y derrotas, o de ganancias y pérdidas, que solo ocasionalmente dependían de nosotros. Me habló algunas veces de nuestra situación, una hoja que lleva el viento, una rama flotando en el río... No resistirse, acomodarse al ritmo del mundo, aceptar. Decía que *el ganar depende de la oportunidad del momento, y el perder pide acomodarse. Quien es capaz de atenerse a la oportunidad y de acomodarse a las circunstancias, nunca se verá invadido de tristeza ni contento.*

Gracias a él nos fuimos haciendo con el Tao. Ni mi hermano ni yo hemos escrito nada, si se exceptúan estas pocas líneas que he sentido el deseo de dejar para que puedan tener los hombres del futuro al menos una breve semblanza de mi padre, visto que él se ha preocupado tan poco de este asunto.

Nos hacemos al Tao con el roce. Convivir con mi padre nos ha ido acercando a este centro personal desde el que salen nuestros actos. El Tao verdadero no puede expresarse con palabras, como no puede expresarse con palabras el método para que podamos regresar a nuestra naturaleza original, a nuestra identidad con el Tao. Nos ha dejado, no obstante, en su escrito algunos acercamientos, que no son el camino, pero sí pueden valer como orientaciones sobre el recorrido. Te dejo éste: *Yo tengo el método para llegar a la sabiduría, mas no tengo madera de sabio. Quisiera enseñárselo, pero ¿podrá él llegar a ser sabio? Aunque no pudiera, no ha de ser difícil enseñar el camino de la sabiduría a quien tiene madera de sabio. Se lo mostraré y perseveraré con él. Perseveraré tres días, y ya podrá olvidarse del mundo. Cuando ya se haya olvidado del mundo exterior, perseveraré aún más, y a los siete días ya podrá olvidarse de los seres. Cuando se haya olvidado de los seres, perseveraré aún más, y a los nueve días ya podrá olvidarse de su propia existencia. Cuando se haya olvidado de su propia existencia, podrá comprender con toda claridad. Cuando comprenda con toda claridad, podrá alcanzar la visión de lo absoluto. Cuando alcance la visión de lo absoluto, podrá trascender el pasado y el presente. Cuando trascienda el pasado y el presente, podrá penetrar en donde vida y muerte ya no existen… Es una cosa (el Tao) que a todos despide y a todos acoge; que todo destruye y que hace todo. Su nombre es "quietud en la agitación". "Quietud en la agitación" es mantener la mente sosegada en medio del alborotado surgir y desaparecer de los incontables seres.*

Creo que no hace falta comentar mucho. Alcanzar la quietud, el estado de ánimo sosegado cuando uno se da la importancia que tiene, tanta y tan poca, relativa, dejando de ser un obstáculo para sí mismo, cuando encuentra el vacío interior que vibra con los acontecimientos, pero permanece silencioso…

Lo dice mi padre de otras maneras. Podría escribirlo con mis palabras, pero me parece más acertado usar las suyas. Nos lo había expresado de diversas formas, así quedó cuando lo traspuso al papel: *Que tu mente se mueva en la indiferencia; que tu energía vital se concentre en el silencio. Deja que las cosas sigan su curso natural, y no abrigues pensamientos interesados. Entonces el mundo podrá estar bien gobernado.*

Uno de los reyes más estimados por mi padre es Wen de Zhou. Nos ha llegado que éste estableció la doctrina del Mandato del Cielo, según la cual el rey era un enviado cuya misión era gobernar siguiendo el orden natural, en beneficio del pueblo; también proponía el derecho a derrocar al rey si el gobernante no cumplía este mandato. Te recuerdo, querido lector, que es considerado uno de los reyes más sabios y virtuosos que hemos tenido.

A mi padre no le interesaba implicarse personalmente en Política, ni siquiera como funcionario del gobierno, como demuestra su abandono del cargo de intendente en su día. Luego vinieron de parte del rey para ofrecerle un alto cargo. No aceptó. Tuvo suerte de vivir en un tiempo en el que el rey trataba a todos con la consideración debida, dejándole la libertad de elegir si vivía en el respeto de la ley.

Tenía claro que a cada cual dona el Cielo ciertas habilidades, asociadas a las cuales se hallan sus intereses. Él no se sentía habilitado para el gobierno. Preferiría ser pata de ciempiés que cabeza de serpiente, siguiendo el dictado de su naturaleza. Su elección en la vida fue hecha a conciencia, escuchándose, y jamás tuvo la menor duda de su acierto.

Sí tenía una visión clara sobre el gobierno de la nación y el cometido del gobernante. El buen rey es un sabio. Instalado en la corriente del Tao, se ocupa de los hombres buscando su bienestar sin pretender protagonismo, su hacer cotidiano es un no hacer, su preocupación es la paz y la cordialidad entre sus ciudadanos, se ocupa de los alimentos, pero también de la mente, busca asesores entre los más sabios para que le ayuden en el gobierno. Haciendo esto cumple el Mandato del Cielo. Si todos los hombres han de caminar hacia la virtud, hacia el Tao, más el rey, cuya responsabilidad es tan inmensa. Este cuidado del pueblo sólo es posible para alguien que se ha cuidado y se cuida a sí mismo, vacía y quieta su mente, oyendo el flujo de la corriente dentro de su corazón.

No faltaba a mi padre la confianza en los hombres, ni le era escasa la confianza en el gobierno. Sí era consciente de los conflictos y las guerras establecidas entre los nobles y los reinos, como lo era de las deficiencias de los reyes en sus gobiernos. No le mellaba esto el ánimo de lo que consideraba correcto, sobre el curso que ha de seguir el buen gobierno y el buen rey.

Dejo que hable ahora, tal como aparece su visión política en su escrito: *El gobierno de los grandes sabios —dijo Ji Che— tiene como norma liberar la mente del pueblo, y hacer que las gentes se eduquen y muden sus costumbres; y extirpar toda torcida intención y fomentar el deseo de la propia perfección, como si todo esto viniera de la naturaleza propia, pero sin que las gentes sepan por qué es así. Y entonces, ¿por qué reverenciar a Yao y Shun como maestros y guías del pueblo, y obedecerles ciegamente? El deseo (del sabio) es que (el pueblo), identificándose con la Virtud, alcance el sosiego de su mente.*

No sólo procurar que todos satisfagan sus necesidades físicas. También este estado de bienestar personal que llega con la buena educación, que es tal si guía al encuentro con la verdad (el Tao) que somos, de la que formamos parte, que recorre nuestras venas y nuestros sentidos dándonos la vida y la orientación a la verdadera manera de vivir.

Estimaba mi padre que en la antigüedad y durante el gobierno de los reyes sabios la sociedad podía vivir en armonía, no nacidos aún (o rotos por el mal gobierno) los vínculos que atan al hombre al tener o al aparentar. Los hombres vivían -pueden vivir- de manera virtuosa, entendida como natural y sana. Dejo que hable mi padre de nuevo: *En la época en que reinó la perfecta virtud, no se veneró a los sabios, ni se dio poder a los hombres de talento. Los de arriba eran como las ramas altas del árbol; y el pueblo, libre como los ciervos del campo. Eran honestos, pero ignoraban lo que era la justicia; se amaban unos a otros, mas no sabían qué era la benevolencia; veraces, sin saber qué era la lealtad; hombres de palabra, ignoraban lo que era la confianza. Se tenían con sencillez y se ayudaban mutuamente, mas no lo hacían por ejercitar la virtud. De ahí que sus actos no dejaran huella, y que sus hechos no se trasmitieran a la posteridad.*

A medida que releo las palabras de mi padre, y llegan a mí rememoraciones de nuestra convivencia, estoy más convencido de que su vida tuvo sentido en sí misma, ocupado como estuvo en el simple oficio de vivir siguiendo su conciencia; también estoy convencido de que mi padre es un Maestro. Es la denominación que empezaron a darle los que le visitaban, e incluso me hablaban de él en esos términos mis amigos. Yo no le daba importancia, acostumbrado a compartir su existencia, no tuve claro el alcance de su sabiduría.

Ahora entiendo mejor su vida. También las consecuencias de su vida. Su misma obra, llena de bellas imágenes, de sabios cuentos, de intuiciones... fue realizada con esa clara vocación de Maestro, nave cargada de manjares que ha soltado a recorrer el mar inconmensurable de los días venideros...

Sí, mi padre es un sabio, un hombre virtuoso.

Y unas últimas palabras suyas, unas recomendaciones que puedes seguir para llegar a una nueva infancia, esta de actuar sin saber, de caminar sin rumbo o siguiendo el rumbo que marca el viento... *Si buscas el sosiego, calma tu hálito; si buscas la entereza de tu espíritu, sigue a tu mente; si buscas obrar rectamente, confíate a la necesidad. Obrar sólo cuando no se puede menos, he ahí el Tao del sabio...*

Séneca, el compromiso político

> ...la filosofía. Acógete a ella si quieres vivir incólume, tranquilo, dichoso; en suma, si quieres... ser libre... Anda con paso firme. Si quieres someter a ti todas las cosas, sométete tú mismo a la razón. A muchos gobernarás si la razón te gobernare a ti. Aprenderás de ella qué proyectos debes acometer y de qué manera; no te cogerán por sorpresa los acontecimientos (Epístolas morales a Lucilio, I).

Anoche estuve hablando con mi hermano Novato, que ustedes conocen como Galión, tras su regreso como procónsul de Acaya (en la península helena). Ya saben que tenía su residencia en Corinto. Llevábamos tiempo sin vernos, y las epístolas intercambiadas entre nosotros durante estos meses no han permitido una comunicación tan fluida como nos gusta y solemos tener estando juntos.

Me contaba anécdotas vividas, en su trabajo sobre todo; su vida cotidiana no ha distado mucho, por lo que ha dejado entender, de la que ha llevado siempre... Hace poco los judíos de Corinto le llevaron, acusado de impiedad religiosa, al judío Pablo, perteneciente a esa nueva secta, los cristianos, que se va extendiendo poco a poco por el Imperio. Parece ser que llevaba predicando su doctrina un tiempo por la zona y los tradicionalistas judíos encuentran en él, en la secta que representa, un competidor que zahiere sus creencias y los privilegios de sus cargos... Escuchó las razones de uno y de otros, y decidió no entrometerse en un asunto que no le concernía, aunque optó por enviarle a Roma, precavido contra la posible interpretación que pudiera salir de los acontecimientos -los judíos declaraban que su mensaje iba en contra de los dioses romanos.

Quedó mi hermano, según me dice, impresionado por el talante del personaje, sobre todo por la convicción de sus creencias. Se declaraba mensajero de Jesús, autonombrado hijo de su dios, que había resucitado luego de sufrir crucifixión por parte de nuestros gobernantes en Judea -este es el mensaje que pregona, también la hermandad de todo hombre y el único mandamiento del amor a su Dios y a todo ser humano-. Usaba a menudo ese término *hermano* para referirse a la relación que nos une a todos los hombres, y todas sus palabras estaban llenas de emotiva sinceridad, mostrando sin afeites la claridad de su inteligencia y la certeza de su fe.

Sorprendido, he investigado un poco sobre esa secta, de la que ya tenía algún conocimiento, incluso me acerqué a hablar con el tal Pablo al enterarme de su estancia prisionera en Roma. Sus creencias tienen muchos puntos en común con las ideas que defendemos nosotros, los estoicos. Esta idea ya mencionada de la íntima relación que todos los seres humanos tenemos entre sí es una muestra, aunque la base de tal creencia no es la misma en nuestro caso.

Puede valeros este detalle como demostración de que, aun habiendo cruzado hace tiempo los límites de la madurez, sigo conservando activos mi interés por la verdad y la buena vida posible cuando se vive desde ella. Puede valeros de prueba también acerca de mi falta de prejuicios respecto a cualquier doctrina, visto que intento ir a la esencia que, a veces, incluso puede aparecer oculta tras los rituales que se practican o las palabras con que pueda adornarse.

No pretendo con estas letras demostrar mi manera de mirar y mi actitud ante la vida, menos a vosotros, que de largo roce me conocéis.

Sí he sentido la tentación, que me ha parecido razonable -desde hace tiempo procuro que mis acciones sean guiadas por esta parte divina de nosotros, la razón-, de dejar un siquiera breve legado sobre mi vida, más sobre mi pensamiento. Sí están ahí mis obras. Y he procurado dejar en ellas los frutos de mi largo esfuerzo, de mi inacabable búsqueda… Y podéis intuir el porqué de esta decisión. Malos tiempos corren para Roma. Supongo que, amigos míos, tenéis presente de continuo el modo de actuar de Nerón. Me temo que pronto su furia se dirija a mi persona. Pretendo que este sea mi inmaterial testamento antes de la última partida, que presumo cercana.

Nos han tocado vivir, seguramente, los tiempos más convulsos en el gobierno de Roma. Me he sentido obligado -por esta responsabilidad social que defendemos los estoicos, en el fondo por honestidad- a servir a mi patria, atendiendo primero a Calígula, luego a Claudio y por último a éste que, más que regir el destino de la patria, usa a la nación y al pueblo romano como monigotes de sus caprichos, tratándonos con el desprecio que un dios lejano mostrara a la última hormiga.

Ya conocéis mi aventura en los tres casos. Por poco salvé la vida cuando Calígula decidió mi condena. Es conocido que los tiranos no pueden soportar a aquellos que tengan el atrevimiento de oponerse, aunque les asistan todas las razones, a sus ideas, mejor llamarlas delirios o manías cuando están guiadas por esa impulsividad o el capricho tan propio de ellos. En ese momento, ya alcanzado el puesto de Senador en mi cursus honorum (carrera política), era bien considerado, consecuencia de mi arte oratoria, también de mis escritos; niño malcriado como era Calígula, no soportaba los celos y la envidia ante el protagonismo que mi persona tenía en el mundo político. Menos mal que ella -permitidme no decir su nombre- le convenció con el pretexto de mis enfermedades, que presumían en breve el desenlace de mi vida.

Cuando llegó Claudio al poder, me sucedió algo similar. En este caso cambió mi condena a muerte por el destierro, a la isla de Córcega. Ya sabéis que, gracias a la educación de los míos, he de incluir a mis padres y a mis tíos, y a la honda interiorización de la filosofía que había ya logrado, soporté bien este destierro. Lo conocéis por mí, también por la Consolación que hice a mi madre -las desgracias no vienen solas-, al quedarse viuda. Sí, lo viví bien, pese a la pérdida de mi padre, a quien sabéis amo tanto, a la lejanía de los míos, a la inactividad pública.

Ya la filosofía me había encaminado de manera aceptable hacia el espacio de la sabiduría. No, no intento ser pretencioso, pero sí honesto. El verdadero progreso en el camino hacia la sabiduría se nota en la ecuanimidad del ánimo, en la tranquilidad que puede mantenerse en cualquiera -más en las duras- de las situaciones que van probándonos a lo largo de la vida. Nada pierde quien nada tiene, os podría repetir; hace mucho he llegado a la certeza de que vivimos de prestado, y la buena vida no está en los bienes externos, sino en la posesión de sí mismo.

Me habéis preguntado muchas veces qué entiendo por la posesión de sí mismo. Y creo que os ha quedado suficientemente claro; no sois de los que se acercan a la filosofía para recoger un barniz superficial que en nada os cambia, pero sí es bueno que lo deje, de nuevo, por escrito. El sentido del aprendizaje al que nos dedicamos -somos filósofos, amantes de la sabiduría- es eminentemente práctico. Como decía el maestro Aristóteles, *no investigamos para saber qué es la bondad, sino para ser buenos.* Podría decir, parafraseándolo, que investigamos y aplicamos los conocimientos adquiridos a la vida para lograr la solidez que tiene el árbol bien enraizado frente a todas las tempestades. Quien alcanza la posesión de sí mismo es como este árbol, sólido en su interior a la vez que flexible como las mieses que mueve el viento en direcciones diversas.

Me acuerdo ahora de mi formación en Acaya (Grecia), sabéis que también estuve un tiempo en esa provincia del Imperio, como es habitual en toda persona de mi condición. Me acuerdo también de mi contacto con el judío Filón de Alejandría. En ambos casos tuve un acceso más íntimo al mensaje platónico. Sí, este de que la razón, como un auriga, ha de llevar las riendas de todas las pasiones. Uno es dueño de sí mismo cuando nuestra razón impera sobre todos los impulsos irracionales que vienen de esta parte de nosotros mismos. *No soy dominado por mis pasiones,* podíamos decir, *yo soy mi dueño.*

Soy mi dueño significa que hago la vida que quiero. En el fondo, si me apuráis, no es la vida que quiero. Pues mi voluntad es también humilde y sabia, si no se deja llevar por el capricho, por los caprichos, por los impulsos de la parte irracional de nosotros mismos. Soy dueño de mí mismo si mi voluntad se pone al servicio de las orientaciones de mi razón.

¿Para qué? -me habéis preguntado algunas veces-. Para alcanzar la felicidad, la tranquilidad del alma. No existe otro bien que supere a éste. Os recuerdo aquella anécdota que aparecía en una de mis Cartas a Lucilio: El perdedor de la batalla decía no haber perdido nada, al no tener en consideración los bienes que para todos son esenciales -las posesiones o el prestigio-; ha perdido, pero sigue manteniendo las cualidades personales que atesora, su verdadera riqueza. Esto es.

Todo el proceso pasa por el conocimiento de la Naturaleza, de sus leyes -o de la divinidad y sus leyes- para adecuarse a ellas, o para tener la fortaleza de vivir todas las circunstancias de la vida sin perder la calma... Sí, ya me doy cuenta de que es difícil de entender, más aún de lograr; para esto la enseñanza, y la práctica sin la cual todo saber queda como visión del mundo que no cambia la vida. Así, podemos llegar a la situación en la que me encuentro, imperturbable a los golpes de la Fortuna, asentado en esta virtud que ha ido haciéndose en mí con los conocimientos y las acciones consecuentes.

El conocimiento de la Naturaleza... He concluido que el mundo tiene un Rector. Lo que significa que en el mundo hay un orden, que se extiende también a las personas. El orden significa caminos acertados y erróneos para nosotros. Podemos conocer el orden y actuar a partir de ese saber: es el camino justo, este que nos acerca a la aceptación sin condiciones de las realidades de la vida. Podemos conocer el orden, pero con un conocimiento que no ha calado en nosotros: seguiremos actuando como ignorantes, y por tanto ajenos a la felicidad que entiendo verdadera. O podemos vivir alejados del saber, este que produce los estudios liberales, la filosofía: viviremos de manera irracional, alejados de la tranquilidad del alma que, como acabo de señalar, es el objetivo final de todo el saber que nos interesa.

Mi padre, Marco Anneo, ya tenía un conocimiento suficiente sobre esta doctrina. Como procurador romano hizo su vida entre Colonia Patricia, la capital de la Bética romana, el lugar de nuestro nacimiento, y Roma. Como representante de nuestra ciudad hubo de moverse en los círculos políticos; como hombre culturalmente inquieto se relacionó con la élite de la cultura de la capital del imperio. De entre todas las corrientes filosóficas que convivían en su entorno, encontró en el estoicismo la que mejor calzaba a su manera de entender el mundo. No llegué, sin embargo, a esta filosofía y forma de vida a través de él directamente... Tenía interés por la retórica, sobre la que ha dejado su herencia, y también nos ha dejado un escrito sobre la historia de Roma.

Preocupado por mí, por mi formación, pronto me envió, supongo que acorde a la opinión de mi madre, Helvia, a Roma. ¿Dónde encontrar un mejor caldo de cultivo para que las cualidades de que me ha dotado Fortuna pudieran desarrollarse? Ya sabéis que los romanos, ocupados por necesidad en los asuntos del Derecho, no hemos creado una filosofía propia. Pero sí hemos tenido la humildad de acoger las visiones del mundo que han propuesto, tiempo hace, los griegos. Dueños del mundo, hemos tenido a mano todos los saberes, todas las filosofías que hasta este momento el ser humano ha sido capaz de hilvanar. Fijaos que digo hilvanar, siempre el conocimiento permite un ir más lejos, una nueva avanzadilla en sus espacios inabarcables.

Me enviaron, pues, pronto a Roma, donde pude recorrer todos los grados de la formación posible entonces, fácil para mí, para nosotros, équites. Dejo los niveles para que quede constancia en los siglos venideros: comencé por el maestro, que me aventuró en los rudimentos de la lengua y las matemáticas; pasé al gramático, ya en el gimnasio, con el que perfeccioné mi latín, mi griego, y accedí con detenimiento a las obras de los clásicos -haciendo hincapié en los griegos-, mitología, geografía e historia; y por fin el retórico, con el que pude conocer esta disciplina orientada a la gestión de los discursos y la buena argumentación, también el derecho y la filosofía. Hasta aquí no ha divergido mi educación de todos los de mi clase.

Mi padre y mi tía Marcia, hermanastra de mi madre, acordaron, viendo mi interés por la filosofía, buscarme guías en esta disciplina. Así, pude recibir las enseñanzas del filósofo Atalo, que me inició en la doctrina estoica, sembrando en mi alma estas nociones de la importancia de la austeridad en todos los aspectos que me ha acompañado en la vida desde entonces, asimismo sobre la conveniencia de conocer la Naturaleza y sus leyes, para adecuarse a ella. También me convirtieron en pupilo de Sotión, cuya orientación pitagórica ha tenido igualmente resonancia y continuidad en algunos aspectos de mi vida: me hice vegetariano, durante algún tiempo, pero deseché esa práctica alimenticia al no ver claro del todo el decurso del alma que proponía el maestro, también porque entendí que, en asuntos alimentarios, como en todos los asuntos en la vida, vale más la mesura en las ingestas. Papirio Fabiano, estimado por mi padre, fue también mi maestro, con el que mejoré mis nociones de retórica, alentando en mí el interés general por el conocimiento.

Estos maestros, los vivos, con los que he compartido horas, días, me han alimentado. Pero no puedo desdeñar tantos otros que han alimentado mi alma con sus palabras a través de sus obras. Nunca me cansaré de encomiar esta función de la palabra escrita; si uno se detiene a escucharla, por supuesto...

Sabéis que viví un tiempo largo en Egipto. Fue una decisión médica, recomendada como medida para tratar este asma que me ha incordiado siempre. Fueron años felices, al lado de mi tía, y de su marido, Cayo Galerio, al que también considero mi tío en función del trato que me ha dispensado siempre, tratándome con un verdadero padre.

Vivimos en Alejandría, seguramente el lugar del mundo, junto a Roma, donde pueda disfrutarse más del saber en el sentido amplio de la palabra. Las dependencias de la Biblioteca -he de ponerla con mayúsculas- ofrecían todos los recursos para acceder al conocimiento acumulado por nuestra especie durante tanto tiempo... La visité a menudo, sin un plan definido, dejándome llevar por mi intuición. He de reconocer que mi inquietud no percibía límites, y vagaba de un interés a otro de manera irracional, siempre provechosa para mí, que me considero, ante todo, un filósofo, un amante del saber, también de la buena vida tal como la entendemos nosotros. Me puse al tanto, así, sobre gran parte del conocimiento sobre la Naturaleza del que aparecía registro, también sobre los astros y, cómo no, de la visión del mundo que podía entresacarse de los diversos mitos de las diferentes culturas recogidos en sus anaqueles. Pocas veces he disfrutado más. Porque para mí todo ejercicio de aprendizaje es un disfrute, todo ejercicio de aprendizaje me ubica más en mi realidad de hombre, en mi ser en el mundo…

Pude disfrutar estos años también de la alimentación. Y me di cuenta de que, más allá del cereal que constituía el alimento fundamental de Roma, el arte culinario egipcio jugaba con los productos de la tierra permitiendo un comer completo, plácido, sabroso. Me gustaba el juego de los sabores dulces con los neutros, los guisos de cordero condimentado con la pimienta y las ciruelas pasas, me gustaba la cerveza, los pescados que sazonaban con verdadero tino, la carne de las aves que habitaban el delta, y las verduras, y los frutos secos… Cualquiera que lea esto podría entenderme como un goloso; no es así, no está reñido el disfrute de los alimentos con su consumo moderado ni con la intención esencial de atender a las necesidades del cuerpo.

Imaginaos las personas que pude conocer. Ya tenía la edad suficiente para ser admitido en los banquetes, o en las recepciones que mi tío, como prefecto (gobernador) de Egipto, había de organizar de continuo… Siempre, forma parte de mi talante, me ha gustado más escuchar que buscar un protagonismo en la conversación que, invariablemente lo he percibido así, pretende un reconocimiento que tiene sentido en el ámbito político o económico, menos en el privado… Aproveché para escuchar casi siempre, y aprender. ¡Tan diversa era la gente que acudía a los convites! Pude empaparme acerca de algunos entresijos del poder, y de la cultura egipcia, que me llamaba la atención especialmente. Doy gracias a la Fortuna por el tiempo pasado aquí, Cronos marcaba el ritmo mientras mis personales intereses creaban la letra.

He de reconocer que, sin sentirme nada especial por esto, una intuición interna guiaba mis actos, un afán que investigaba la manera de saciarse, una búsqueda que orientaba mi vida hacia estos aspectos que me he preocupado de cultivar siempre: la Filosofía, actividad que no puedo escribir de otra forma que con mayúsculas; la Filosofía, cuyo detenido estudio permite al hombre hacerse más humano, alejándole de la parte animal que tiene sus inclinaciones, y de la parte irracional con sus exageradas exigencias tantas veces.

Pretendía que este testamento fuera ideológico y me veo envuelto también en esta redacción de aspectos de mi biografía. Opino que está bien, toda filosofía supone un pensamiento, pero también se halla asociada a la personalidad y a la vida...

Inicié formalmente mi *cursus honorum* cuando, regresado a Roma, por mediación de mis tíos -habían dado sus pasos mientras estábamos en Egipto; él murió en la travesía de vuelta; ella, desde nuestra llegada, se entrevistó con todos los conocidos cuya influencia permitiera mi ingreso en la carrera política- fui nombrado cuestor, ese trabajo administrativo asociado a la contabilidad del erario público. Éramos veinte en este momento. Sobresalí entre ellos y fueron abriéndose para mí otras puertas en la carrera política que tanto me ha interesado siempre...

Me habéis preguntado alguna vez sobre mi interés en la política. Debo repetiros, sabiendo que este escrito tendrá, seguramente, un vuelo más amplio que el que le llevará a vosotros, sus directos destinatarios, que mi interés ha estado exento de egoísmo -sometido a mi propio tribunal, he de reconocer, no obstante, esa complacencia en el prestigio y la consideración de los grandes en esos momentos de inconsciencia antes de mi verdadera madurez filosófica-. Ha habido siempre, y ahora puedo confesarlo con franqueza, un interés por los otros, por el bienestar social, heredado de mis padres, sobre todo de la grandeza sin excusas de mi madre, y crecido con aquellos estudios filosóficos que se han mudado en mis propias convicciones. Encaja, además, perfectamente en esta doctrina estoica de la que me siento representante: todo hombre es valioso al estar dotado de la misma razón (no menos las mujeres), al haber nacido del seno femenino, al ser apto para la virtud como cualquier otro, al menos en principio; todo hombre, incluso el esclavo, ubicado en esa posición por las circunstancias de la vida. He procurado tratar siempre a todo ser humano según esta convicción profunda.

Cuando me han preguntado sobre el valor del hombre -lo he indicado ya algunas veces, en las Cartas a mi querido Lucilio, por ejemplo- he respondido siempre que su valor es el de su virtud, nunca el de su oficio. Muchas veces éste está asociado a los vaivenes de Fortuna, a las amistades, al pago de favores o la espera de asistencias futuras… La virtud, la valía personal, es un rasero sólido que mide objetivamente a cada uno… Basado en esta convicción desde hace tanto, tengo la conciencia de haber tratado a cada hombre con la dignidad que se merece, la dignidad de hombre, sobre todo la dignidad que emana de la virtud que atesore.

Ha aparecido, cómo no, la virtud. Me parece una palabra rancia, debo reconocerlo ante vosotros, en privado. Pero no encuentro otra que pueda ofrecer claridad sobre la categoría personal de cada uno o el progreso hacia esta. Me gusta más el término griego, areté. Pero estamos en Roma, donde la virtus pone el acento en la fortaleza, que entiendo no tiene por qué ser sólo varonil. Es esta fortaleza la que permite navegar por las aguas de la vida sin perder el rumbo, sólido frente a las desventuras, idéntico en las circunstancias diversas que iremos encontrando en esta travesía que es la vida.

Siempre he dicho que estamos a la intemperie frente a la Providencia. Arrojados al mundo, no sabemos qué vientos llegarán a nosotros, qué tempestades, qué benignos climas. Aunque está escrita la ley que rige el mundo, sí podemos vivir al socaire de nuestra razón, fortalecidos interiormente para que los golpes de la vida no desestabilicen nuestro ánimo. Esta es la riqueza verdadera que podemos lograr. Todos los bienes externos vienen y van, pueden llegarnos las mayores riquezas y perderlas al día siguiente, podemos sentirnos en la cima del prestigio y al día siguiente no somos nadie, sobre todo cuando nuestra vida depende de las decisiones de los que gobiernan. Hay un único bien que permanece, la virtud.

Sí, es lo esencial. La alegría verdadera, el gozo, se juega interiormente. Comprendida esta realidad hace mucho tiempo, he procurado aprender y obrar para que la fuerza de mi ánimo prevalezca ante cualquier otra consideración que pudiera distraerme. No os hablo de permanecer imperturbable, es humanamente imposible, pero sí de saber llevar el timón con tino en todas las circunstancias de la vida, permitiendo que la nave que somos pueda seguir su rumbo sin hundirse. Te cito de mis Epístolas a Lucilio. El bien mayor es *un alma libre, resuelta, que somete a sí todas las cosas y ella no se somete a ninguna. Solamente hay bien donde tiene cabida la razón.*

¿Cómo se logra esta alegría? -me habéis preguntado alguna vez. Puedo responderos según mi experiencia. Y deciros de paso que todo saber que no haya superado la prueba de la experiencia no debe ser recomendado. Señalaros también que la actividad esencial a lo largo de mi vida ha sido esta que me encaminara a lograrla. Han sido mis pasos el ejercicio del estudio, de la reflexión, de la práctica, de la escucha detenida de la voz de la razón y de los buenos maestros, de la búsqueda de la verdad al fin y al cabo para que mi vida tenga sentido,

este sentido básico de la propia satisfacción en los pensamientos y las acciones.

Desde muy temprano adquirí la costumbre -debo mucho a Sextio Nigro que me recomendó esta actividad- de evaluar por la noche el día transcurrido, llevando la contabilidad de mi persona en pensamientos y acciones. Este balance diario me ha permitido ir ajustando, cada vez más, mi vida a la razón, a mi conciencia si queréis, eliminando impulsos y actividades que eran perjudiciales al esclavizarme, al desorientar mi sentido profundo de quién era y hacia dónde quería ir. Ya os lo comentaba antes, someterme cada día al tribunal de mi conciencia, al dictamen de la verdad que cada uno de nosotros conoce sobre sí mismo, acusarse de los errores, reconocer los aciertos, ir limando cada día la propia persona, encontrando la propia verdad, la propia fortaleza, el gozo que llega con ellas.

Como tan bien conocéis, desde siempre he estado afectado por esta enfermedad que limita mi vida, el asma. Atendiendo a las recomendaciones médicas he hecho, sigo haciendo cada día ejercicios gimnásticos que me fortalecen físicamente, sobre todo mi capacidad pulmonar: correr, levantar pesos, salto de altura y de longitud, nadar. Recomiendo sin duda esta actividad deportiva, por muchos motivos, sobre todo porque procura al cuerpo un nivel de actividad absolutamente beneficioso por sí mismo y para la agilidad del alma.

Me ha interesado todo lo que han dicho los filósofos sobre el hombre, en todos he buscado la parte aprovechable, ésta que tuviera resonancia en mí y facilitara el logro de mi objetivo. Nunca con la intención de recordar, sí con la meta de saber, que se produce cuando las ideas o creencias ajenas se convierten en internas, y uno llega a vivirlas como propias, sin necesidad de recurrir a las palabras del maestro para usarlas. Sí, uno sabe en qué momento las ideas se convierten en creencias, cuando se nutren de esta carga de sentimiento que las hace personales.

Os hablo de la virtud, pero son muchos los rostros que tiene. Podría enumerarlos dejándome llevar por la intuición de este momento, pero prefiero recoger lo que ya he dejado escrito a mi querido Lucilio sobre algunas de las virtudes más significativas. *La fortaleza se ocupa de menospreciar los temores; desdeña, desafía y vence las situaciones terribles que ponen bajo el yugo nuestra libertad… La fidelidad constituye el bien más sagrado del corazón del hombre, ninguna necesidad la fuerza a engañar, ninguna recompensa la soborna: «Quema —dice ella— golpea, mata; no traicionaré; antes bien, cuanto más se ensañe el dolor para descubrir mi secreto, tanto más profundamente lo ocultaré.» … La templanza manda sobre los placeres, a unos los aborrece y repudia, a otros los regula y conduce a la justa medida, sin acercarse jamás a ellos por sí mismos; sabe que la normativa óptima en relación con lo que se desea consiste en no tomar cuanto uno quiere, sino cuanto uno debe. La humanidad prohíbe ser altanero, ser áspero con los compañeros; en palabras, hechos y sentimientos se brinda afable y servicial para con todos; ningún mal lo considera ajeno, y su bien lo estima en sumo grado por cuanto podrá proporcionar un bien a otro.*

Tal como queda expresado parecen, más que excelencias de la persona, obligaciones. Mal asunto si las vives así, serás falso y tu conciencia inevitablemente mostrará su disgusto. Fijaos que he usado la frase que las define bien: excelencias de la persona. Son una meta y, cuando se logran, va componiéndose la personalidad del sabio, y el gozo verdadero que llega cuando se vive acorde a la Naturaleza. Así somos, podría deciros de nuevo, el camino del conocimiento no es sino el camino de adecuarnos a la Naturaleza, a nuestra propia naturaleza, comprendiendo cada vez más desde nuestra razón la Razón que rige el mundo, que nuestra naturaleza es un elemento más en la concordia de la Naturaleza.

No aparece mencionada en esta breve cita una virtud que me parece muy importante, la capacidad de amar. Mirad cuantas veces os vivís deprimidos porque no os sentís amados por los que quisierais ni como os gustaría. He descubierto que, en el camino del gozo, nuestra meta, el amor es importante, primero como consideración propia, también como sentimiento privilegiado hacia los otros. Buscamos el amor ajeno, creyendo merecerlo todo, dándonos una importancia que socialmente no existe. El amor es el mejor bálsamo contra el egoísmo, esta mirada corta que ciñe el mundo a los propios intereses. Os dejo una regla, si queréis, *si quieres ser amado, ama.* Incluso llegará un día, si vuestro recorrido hacia el saber va progresando, en que daréis más importancia al amar que al ser amados, aposentados como estaréis en la humilde verdad de vuestra condición.

Tampoco he mencionado la virtud de la prudencia, que sabéis es considerada por los maestros griegos la piedra angular de esta ciencia de la conducta humana de la que estamos hablando. Podemos definirla como el análisis de las circunstancias y las metas antes de actuar. De la prudencia he obtenido un saber que me parece absolutamente importante: vivir el presente. Nuestra vida se juega cada día, solo tenemos este presente. No ajustarnos al presente provoca en nosotros, en muchos casos, sufrimientos inútiles. Dejamos que nuestra imaginación vague al pasado para recordarnos los errores cometidos, los malos momentos, o para sacar consecuencias que aplicaremos sin criba en nuestra percepción del futuro; nos ocupa la imaginación de los posibles sucesos futuros, previendo la llegada de infortunios que no sabemos con certeza si vendrán. Convertimos, por falta de prudencia, esta capacidad nuestra de la previsión en una perpetua agonía… Si es bueno que estemos preparados ante las circunstancias que puedan llegarnos, volvemos a la fortaleza, pero no tiene sentido perder el presente acuciados por los temores sobre el futuro. Se nos va la vida y nuestro mayor bien es el tiempo. Se mide en un reloj de arena la duración de nuestra existencia. Bueno es que aprendamos a apurar cada uno de los granos antes de que se hundan.

Recordad que escribí *Sobre la clemencia,* haciendo una crítica al gobierno de Claudio, pero más con la intención de guiar los pasos de Nerón en esos tiempos en que tenía encomendada su educación y guía. Es esta una virtud que me ha interesado sobre todo desde el punto de vista político, sin que deba obviarse en nuestra vida personal. Sigo considerándola una de las virtudes esenciales del gobernante. Defino la clemencia como el trato moderado y justo respecto a los gobernados, de manera que una persona clemente es ante todo una persona que procura tener una conducta ecuánime en cada una de las situaciones en las que haya de juzgar a sus súbditos, escuchando las razones a sus actos, teniendo en cuenta los atenuantes cuando hablamos de delito, sentenciando con justicia. Incluso ponía algún ejemplo que nos ha llegado de Augusto, y cómo en ciertos casos su actitud de escucha y diálogo sincero con un enemigo le ha procurado un amigo incondicional. He intentado inculcar en Nerón esta actitud, no ha sido así, como demuestran tantas acciones suyas...

Mi ideal político, que ha permanecido invariable a lo largo de mi vida, ha sido la República, o un gobierno conjunto del emperador y el Senado, tal como ha aparecido en el régimen de Augusto. Mi padre me hablaba de la actitud de Pompeyo respecto al gobierno, y esta creencia inicial que recibí de él sin mucha conciencia aún por mi parte sigue manteniéndose en mí como la postura política más equilibrada.

Hablamos de ideales, el sentido de la filosofía y la educación se orienta hacia la consecución éstos. ¡Qué difícil es un gobierno justo! ¡Cuánto tiempo habrá de pasar para que la virtud política -la búsqueda de bien común por parte de los gobernantes- sea una cierta realidad!... Sin embargo, ahora que está al partir la nave que nunca ha de volver, he de reconocer que en mis escritos y acciones para el asesoramiento de los emperadores o en el gobierno mismo he pretendido orientar hacia este ideal de los gobernantes, el emperador y el Senado, como padres de la patria.

Sí veo que el mundo de la política no se mueve por esta generosidad, sino por los beneficios. No voy a referirme ahora al emperador, sobre el que ya he mostrado y conocéis mi experiencia. En el Senado sucede un tanto de lo mismo: priman las conveniencias e intereses personales por encima del interés de Roma. Cuando digo Roma me refiero por supuesto al Estado, pero el Estado sólo tiene sentido si gestiona lo mejor posible los recursos para el bien de todos los ciudadanos del Imperio.

La cura para los males del gobierno no la presumo fácil. Y sólo se dará cuando los Senadores alcancen el puesto en función de su virtud, no en función de la herencia o la riqueza. Sólo se dará cuando el ejercicio del poder sea responsable y, a la vez, desinteresado. Sólo será posible cuando... Las ideas están diáfanas en mi conciencia, de la misma manera que, siendo realista, veo tan difícil que se cumplan. Sí he intentado, como hiciera el maestro Platón, vista la dificultad de que el filósofo acceda al poder, al menos educar al gobernante desde la filosofía...

Quedo satisfecho. Debo ser realista en la evaluación de mis tiempos de asesor. He hecho todo lo que he podido, limitar y posponer en lo posible la irrupción del verdadero ser de Calígula; guiar a Claudio mientras me fue posible; gobernar estos maravillosos años, junto a Afranio Burro -Agripina ha permanecido un tanto a la sombra-, el Imperio, conteniendo la irrupción del Nerón que todos conocemos.

Puedo preguntarme qué queda. Para mí queda la satisfacción de una vida hecha desde la convicción de mis creencias. Para vosotros -espero que para la posteridad- mis escritos, redactados a conciencia en cada momento, intencionados respecto a la situación política y personal vivida en el momento de su redacción, que espero enciendan luces en los hombres venideros que puedan leerlos, haciendo mejor su vida personal y la convivencia desde un gobierno justo y bueno...

Jesús, el Hermano mayor

Le dijo Nicodemo: ¿Cómo puede un hombre nacer siendo viejo? ¿Acaso puede entrar de nuevo en el seno de su madre y nacer?
Respondió Jesús: Te lo aseguro, quien no nace del agua y del espíritu, no puede entrar en el reino de Dios. Lo nacido de la carne, carne es; y lo nacido del Espíritu, espíritu es. No te extrañe que te diga: Os es preciso nacer de nuevo. El viento sopla donde quiere y oyes su voz, pero no sabes de dónde viene ni adónde va. Así es todo el que ha nacido del Espíritu. (Evangelio de S. Juan, Nuevo Testamento).

Tomar la decisión de escribir estas memorias no ha sido fácil. He necesitado que mi ánimo se haya ido serenando, a fin de ver con perspectiva -los sentimientos, más aún si hallan la intensidad que tenían en mí, no permiten una mirada clara a los sucesos ni a los pensamientos- la parte de mi vida que tuve la suerte de compartir con Él.

Soy mujer, además, casi una deshonra en la región del mundo, Israel, en la que he nacido. La religión de mis padres y las costumbres consuetudinarias nos colocan a nosotras en una posición de clara inferioridad y dependencia respecto al varón. ¡Como si Dios no nos hubiera dotado de la inteligencia para comprender o de la conciencia en la que se reflejan las diversas percepciones!; ¡como si Dios no nos hubiera dotado, como al hombre, de un alma que desea la felicidad verdadera y un corazón que vibra con los hechos del propio vivir o del vivir ajeno!; ¡como si nuestro cuerpo no necesitara alimento y cuidado como el cuerpo de los hombres o los niños!... Sabrán ustedes que está vedada para nosotras la enseñanza, cualquier enseñanza, incluso esta básica del arte de la escritura. Por esto he dudado también...

¿Cómo encontrar, por otra parte, la manera de contar con el sentimiento adecuado y la expresión justa todas las experiencias que compartimos, el pequeño grupo de sus seguidores? Formaban este grupo comúnmente setenta y dos personas, de las cuales los doce apóstoles, o discípulos, que tenían el privilegio de acceder a lo esencial de su mensaje, eran los más asiduos, los que compartían más la vida y la Palabra. Iban y venían aquéllos, como su madre y sus hermanos, que permanecieron a nuestro lado sobre todo en los días, en las horas finales; mis hermanos Lázaro y Marta fueron de sus primeros seguidores, yo más tarde.

Cuando le conocí era una pecadora. Pero no en el sentido que le daban en mi entorno, sobre todo los fariseos. Decía Jesús que pecado es cada violencia contra uno mismo, contra Dios, contra los otros, desviarse de la senda que lleva a la verdadera felicidad. La limpia mirada que uno trae al nacer se contamina con los golpes de la vida, y el impulso inicial de cuidarse, de cuidar a los otros va a degenerar en un egoísmo que es ceguera, acaso en seguir unas normas que fosilizan el corazón en vez de alimentar su innato impulso bueno.

Mis hermanos me permitían compartir la casa. Pero nuestra relación era de continuas riñas, acostumbrados ellos a las formas imperantes en nuestra pequeña comunidad frente a mi visión más libre de la vida. Yo me negaba a salir con el rostro tapado, me negaba a salir siempre acompañada, me negaba a la imposibilidad de educarme, me negaba al casamiento por interés familiar en vez de por amor... Ahora puedo decir que vivía en una continua rebeldía sin sentido, en muchos aspectos, dando más importancia a los gestos aparentes que al verdadero fondo.

Antes de conocerle había oído hablar de Él. Como en el caso de toda persona que sale de lo común, circulaban rumores contradictorios, unos que hablaban maravillas de su persona y sus hechos, frente a críticas que le consideraban un mago con poderes demoníacos (había en la región muchos taumaturgos y Jesús se asemejaba a ellos en las curaciones; era distinto en sus dichos y sus actos, en la autoridad evidente que emanaba de todos sus gestos). Quién era pude descubrirlo con mi enamoramiento inicial, y con el roce...

Su aspecto no llamaba la atención en nuestro entorno. Acaso un poco más alto de lo habitual, la nariz aguileña un tanto, el rostro claro espejo del alma indescifrable que podía conocerse un poco por sus palabras y sus actos, las facciones bien delineadas, los gestos de artesano, como era su oficio, de labrador o de alguien que durante toda su vida se hubiese dedicado a la pesca. Tenía las manos bastas, mostrando su dedicación durante años al artesanal oficio, este de arreglar muebles y tejados, de acondicionar viviendas tras el deterioro por las tempestades o los tiempos, también de hacerlos nuevos. Tenían su movimiento la cadencia de alguien que, más que a lo etéreo, pertenece a la tierra, criado entre los suyos, armónico en los pasos y en los gestos, esa cadencia del hombre que ha perdido las prisas y ha descubierto la parte necesaria del funcionamiento del mundo.

Asentado en su realidad puede decirse, raíz y hombre en su ser, ave y hombre en el ser que, me decía, fue descubriendo. No llamaba la atención su aspecto, sí sus ojos. Negros en su apariencia, rayos de luz que accedían al interior del alma, brillantes en su mirar y en su mostrarse, cálidos cuando su corazón estaba lleno de afecto -casi siempre-, duros cuando reñía como un padre las ignorancias de los niños, o de los hombres-niño obstinados en mantenerse en la ofuscación de la costumbre, de unas formas que anulaban su venida del Reino, la suya, la de ellos, el Reino para ellos, la serenidad en el corazón abandonado a Dios, la felicidad verdadera que Él proclamaba. Llamaba la atención su mirada, ésta que capta a cada persona en particular, a cada ser humano por lo que es. Lo delataba, esa mezcla de paz y amor surgiendo de sus ojos, esa limpieza que hacía un hogar de su presencia, para toda persona, hombre o mujer, sobre todo los niños, para cada persona que encontraba a su paso, no dando importancia a nuestras distinciones de clase o de naciones. Mostraba su mirada El Reino, que viene de Dios a la tierra, accedía al Reino que llevamos dentro. ¡Qué emotivo escucharle decir que ya ha llegado, que se está haciendo, que no tengo que esperar a la muerte para alcanzarlo! Ese Reino que se va construyendo poco a poco, con gestos diferentes de lo que nos hablaban en las sinagogas o en el Templo. Ese Reino que formamos todos desde la Bondad que hay en el fondo de nuestra conciencia... Nadie nos lo había dicho, nadie lo había proclamado como Él, en todos sus acciones y sus palabras sencillas, tan metafóricas a veces.

Contaba la leyenda que María, su madre, quedó encinta de Él sin relación carnal. Nunca me interesó demasiado si es cierto. Verdad es la calidad de su mirada, la bondad inmensa de María, la Madre por excelencia, acogedora en el grado sumo, amorosa con él, con todos puede decirse en el escalón máximo. José, su padre, a quien no conocí, era un hombre bueno donde los haya según me han referido las personas de Nazaret que le conocieron, padre de corazón grande hasta donde puede ser padre un hombre.

Sí es cierto que María, como Madre que ha conservado desde el vientre el lazo de amor incorruptible con Él, intuyó su proceso, al hijo que mostraba en sus gestos al Hombre que iba a ser, su abandonarse al destino que Dios le había preparado y Él iba aceptando conforme iba viviendo, su sentirse Hijo de Dios por excelencia cuando lo descubrió, nuestro Hermano mayor, su lucha por el bien de la humanidad, sus satisfacciones y desengaños, la incomprensión de todos aquellos que se sintieron amenazados en su manera de mirar y sus privilegios, incluso el desamor de sus seres más cercanos, su muerte al fin.

Ha permanecido María en la confianza a pesar de todo, en la fe, no exenta de dolor pero haciendo este soportable. Nada más duro que seguir los pasos finales de su hijo, nada duele más a la Madre que el sufrimiento filial (cualquier madre que ha pasado por un trance de dolor con un hijo puede decirlo), más si es su Hijo, más si ve su trabajo por la mejora del hombre y del mundo, de la mujer y el hombre, del anciano y del niño, por la llegada del Reino en el lenguaje que usaba Jesús, con el peor de los pagos, con la más dura de las decepciones, ésta que padeció la carne de su carne, el alma de su alma, menos mal que tenía conciencia clara de que la vida no acaba en esta vida, de que este mundo es un tránsito, de que Jesús es hijo suyo pero es más Hijo de lo alto, de Dios, nuestro Hermano mayor siendo el más pequeño entre los hombres.

Me contaba María cómo Le veía crecer, cómo su inteligencia y su corazón brillaban con esa luz propia que tiene el don de atravesar las apariencias, el regalo divino de mirar más allá de las sombras, de acceder a la esencia del hombre, del mundo, al propio fondo, al fondo donde silenciosamente queda explicado todo y nada queda por decir, a Dios, al Padre Nuestro.

Jesús, según me decía, no recuerda mucho de su infancia. Sería como la de cualquier niño, jugar, estar en casa, ir a la Sinagoga y estudiar las escrituras; como cualquier niño judío haría su Bar Mitzvah (cuando con 13 años asume sus responsabilidades religiosas)… Pero sobre estos primeros años me ha hablado María, mi Madre también, mi Amiga que me ha mostrado sin demasiadas palabras y con claros gestos el Amor maternal y al Amor que atraviesa todas las barreras y todos los impedimentos, que traspasa todos los prejuicios y alcanza a todo ser humano.

El oficio de artesano que ejercía José, como el de todo obrero, le permite sobrevivir, y poco más. Cuando ha de desplazarse a Belén para censarse; encima de sus escasos recursos, llega ya con todas las posadas llenas. Menos mal que alguien le recomienda aposentarse en unas cuevas cercanas, estas que los ganaderos usan para guarecer a sus ovejas, a sus vacas, a sus acémilas en invierno. Ahí se acomodan para pasar la noche, menos mal que estaba el pesebre, algo es algo. Ahí nace Jesús, el que será el Hombre más grande, en el lugar más humilde. Me dice María que estaba escrito... Es verdad que los profetas lo venían pregonando desde hace tiempo...

Desea José lo mejor para ellos. El trabajo escasea por estas tierras para alguien de su oficio. Lleva tiempo buscando alternativas, acaso la posibilidad de desplazarse a Egipto, donde tiene entendido que sobra la faena, la posibilidad de una vida mejor para él y los suyos, más ahora que hay una boca más que alimentar. Es ya José mayor, y el tiempo también con su paso trae sus apremios, este ahora o nunca que le hace decidirse. También es cierto que hubo de huir.

Pertenece Jesús a la estirpe de David, un posible príncipe de Israel por eso. Y Herodes, el autodenominado Grande, no quiere, más ahora que su vida va llegando a sus límites, ninguna competencia. Tiene José un sueño, como ese que tuvo su tocayo en Egipto, prediciendo los años de mala cosecha tras los siete de rebosar de frutos. Un sueño indicándole que abandone Belén por un tiempo, advirtiéndole de los asesinatos de niños que se avecinan: Herodes no quiere competencia, conoce las escrituras y sabe que todos los judíos están esperando el Mesías que vendrá para ser Rey y gobernar, por eso siente peligrar su puesto; no sabe Herodes quién es

Jesús, sí que ha nacido en Belén; ordenará asesinar a todos los niños nacidos en un periodo de tiempo de dos años.

Toma José sus pocas posesiones, el pollino en el que montarán María con Su Jesús en brazos, y algunos víveres y herramientas. Se trasladan a Egipto, usando caminos no trillados, sintiendo José el peligro que amenaza a los suyos, buscando el anonimato. Allí viven mientras dura el peligro. Allí Jesús da sus primeros pasos, y asombra a sus padres con la finura de su inteligencia y el dulzor de su corazón. Habitaron en varias localidades, por el norte, en las inmediaciones de Alejandría, siempre en barrios judíos, entre los suyos, donde una vida cotidiana semejante a la conocida deja menos espacio a las nostalgias. Allí Jesús asiste a la sinagoga con los suyos, sin mucha conciencia pero experimentando una manera de entender el mundo que se convertirá en su hogar. Allí Jesús escucha participar a José en la lectura de los sábados, el estipulado por Dios día de descanso, y las palabras sagradas serán más suyas porque salen de la boca de su padre.

Recuerda María su susto cuando, apenas con un año, no le encontraba; cómo se ofrecieron a buscarle todos los vecinos de la casa; cómo le encontraron en el establo, rodeado de las vacas y acémilas, sentado en el suelo mientas los brutos le miran con pacífico detenimiento, pareciera que ven algo especial en él, un niño que trascendiera su mismo ser de niño... Vivió en susto María hasta entonces porque Jesús permanecía ensimismado, ajeno a muchos estímulos que le llegan, atontado, poco ágil -ha llegado el momento en que los niños andan y él apenas gatea, viene el tiempo en el que todos los niños hablan y él solo mira como empapándose del lenguaje y sus significaciones antes de pronunciar sus primeras palabras-. Un poco de susto, es cierto, nadie escapa a la vivencia de los sentimientos que nos ocurren a todos, pero María experimenta por debajo del miedo una insobornable confianza, en su intuición de madre que ama sin límites y le habla sin vocablos sobre las cualidades que atesora su hijo.

María me dice que Jesús pregunta como si quisiera comprenderlo todo. Es normal que los niños pregunten por el mundo, pero Él interroga con una mirada más honda, como queriendo tener conocimiento de los motivos de todas las conductas, del origen de todos los sentimientos, las personas y las cosas.

Yo escuchaba a María, convivía con ella y experimentaba las resonancias de la manera de ser de mi abuela, de mi madre, ese amor de fondo que percibe y habita la existencia con el color del cielo.

Cuando la he conocido tiene sus años, no es anciana del todo porque conserva la figura recta, el rostro terso, y una medio alegría de fondo que no le desaparece nunca, dice ella que se debe a su fe, pienso que puede ser también por su aceptación honda de las realidades del mundo.

Me cuenta María su vida, claro, sus cosas y recuerdos... Como todo emigrante, echan de menos a los suyos, a sus hermanos, su tierra. Han pasado alrededor de cuatro años, buenos para el trabajo y los afectos, ha muerto Herodes, tienen unos ahorros que les va a permitir la vuelta con cierto desahogo. Descorrerán las sendas que cruzaron, volverán a atravesar el Nilo... Deciden aposentarse en Nazaret, un pueblecito galileo con buena ubicación y aceptables medios de vida. Su familia está cerca, y conoce José, de sus trabajos, a muchos de los que van a ser sus vecinos. Mejor vivir en el norte, hay más posibilidades de vida que en el sur, que es un lugar más seco y más escaso el trabajo.

Madruga José cada día, sobre todo en verano. Trabaja en casa a veces, en la puerta más bien. La vivienda tiene dos dependencias, una grande donde se hace la vida, se cocina, se come, se habla y se recibe cuando vienen a casa; otra para dormir, con sencillos catres que ha hecho él mismo, como un pequeño capricho para sus vidas esencialmente austeras -ya conocéis que solemos dormir en el suelo. Saca sus herramientas fuera, el hacha con el que corta los maderos y los pule un poco, el formón para darles unas formas más precisas, la gubia para las veces que le solicitan adornos; el martillo para cuando le han solicitado algún mueble, una mesa tal vez, alguna silla, no es lo común, habitualmente comen en el suelo, de rodillas, en cuclillas, dejados caer sobre un brazo tal vez. Las sillas y mesas son para los acomodados, pocos hay entre sus clientes, trabajadores del campo o del mar, pocos propietarios de tierras, sí hay algunos y éstos, si su propiedad es grande, pueden permitirse estos lujos. En la puerta de casa prepara sus encargos, no es lo habitual, generalmente se desplaza a otras viviendas, a otras localidades, arreglar el techo al que se le han vencido los maderos que soportan el adobe o, más habitualmente, los brezos, poner un travesaño nuevo para sustituir ese que el tiempo ha carcomido a la puerta o la ventana.

Me cuenta María que tiene José un mulo, y un carro pequeño, con los que puede desplazarse llevando útiles de trabajo y materiales, esas vigas de madera necesarias para el techo, esos listones que usará para otros arreglos, también se maneja en el uso de edificaciones humildes, con piedra y adobe, ha hecho alguna casa, nunca una de persona acomodada, su economía no es apta para adquirir materiales suntuosos, metal o mármol acaso, solo casas para gente sencilla, como él.

Cuenta María con una cierta añoranza que a veces piensa José en las oportunidades que tuvo en Egipto. Estuvo trabajando un tiempo en la construcción de barcos, dominaba el oficio, bien, le ofreció el jefe ser su socio, la amistad y la competencia tiene esos resultados. Pero no es su estilo, tampoco quería comprometerse en una empresa que le hiciera perdurar en un espacio que le seguía resultando extraño, aun habiéndose adaptado tan bien todos a esta nueva vida, la tierra tira y José es una persona de raíces, amante de los suyos, comedido en los gestos y en las ambiciones, nunca ha pretendido otra riqueza que el bienestar de los que de él dependen, el pan necesario para seguir adelante, la amistad que está por encima de todos los intereses, no le gusta mandar, ni ser dueño siquiera mínimamente de la vida de los otros. Piensa en las oportunidades que ha tenido, su imaginación vuela hacia el pudo ser, pronto la sensatez le puede, o el realismo, bajando a tierra, consciente de que sus decisiones han sido las correctas, no le ha faltado el pan, Dios provee, recuerda a veces cómo los lirios del campo visten siendo lirios, o como los mismos pájaros encuentran cada día su alimento, nunca le ha faltado la confianza, ha sido natural en él, en poder llevarse cada día un poco de pan a la boca, él y los suyos, quien dice pan dice alimento, un poco de vino en la comida -el vino es alegría-, las frutas de temporada, las verduras que ofrece la tierra, pescado no es difícil de conseguir estando tan cerca del lago Genesaret, carne cuando celebran los días grandes, que son pocos al año. Un hombre agradecido y religioso, justo y buen judío, recto con sus convicciones y atento a Dios.

Jesús va creciendo entre el fértil afecto de sus padres, su sentido común, esta conciencia de la importancia relativa de cada uno, nunca creerse más de lo que uno es por mucho que se posean habilidades no comunes, hombre de la tierra que se va haciendo. Le llegan ocasionales súbitas luces, o conciencia de un algo que lleva dentro, como un sueño o una premonición, de un futuro que por momentos le parece aterrador, de esta necesidad de aceptar lo que la vida traiga, lo que vaya llegando, esto lo ha aprendido de los suyos, esta conformidad que llega cuando se capta al fondo el mundo y se comprende tal cual es, irremediable, fortuito tantas veces, esta aceptación que, en el caso de los suyos, está asociada también a Dios, a la humildad que llega de la verdadera fe.

Jesús es un niño que podría decirse raro. Niño-hombre en muchos de sus gestos, niño en los juegos y serio en las responsabilidades, como si hubiera nacido ya con el germen de la madurez ya crecido conjugado con la inevitable infancia. Asombra a los mayores esa ecuanimidad en el trato, en los gestos, ese sentido profundo de la visión correcta, casi no se equivoca en sus percepciones aun siendo tan pequeño, en las opiniones que ofrece y asombran tanto a los suyos, a estos que se rozan con él a menudo, sólo el roce permite captar la esencia del otro, adentrarse con cierta seguridad en el origen de sus actos, en su alma.

Jesús, aún niño, se va desenvolviendo, esta es la manera precisa de decirlo, como sale a luz la flor desde el capullo, tomando conciencia de sí mismo. Es algo que ocurre a todos los niños pero es este un caso especial, no ha nacido Él para una vida común, va descubriendo en los sueños que tiene y en las premociones que le ocurren que viene de lo alto, que es hijo de María y José, pero su origen le parece no ser siquiera de este mundo. Llegar a esta conclusión no es fácil, porque es un camino que ha de hacer solo, mostrar gestos fuera de lo común puede sonar a locura, hablar a los suyos de las intuiciones que le aparecen puede alarmarlos. Por esto ha de hacer este camino solo, dejar que se asienten en su conciencia estos relámpagos, que vayan formando en su interior un dibujo preciso de quien es, un boceto de Hombre…

Va descubriendo su filiación divina, nos dirá que es la filiación de todo hombre, de toda mujer, pero ese camino lo recorre solo, luego es más fácil pregonarlo, cuando las acciones fundamentan las palabras, antes es difícil. María me relata muchas anécdotas, como aquella vez, tendría Él unos doce años, en que se desplazaron a Jerusalén para la celebrar la

Pascua. No le encontraban, le buscaron por los alrededores y no le encuentran, se alarman ellos, es pequeño Jesús aún y siempre existe peligro cuando se reúne en un determinado lugar tanta gente. Le encuentran el fin en el templo. *No entiendo por qué os preocupáis por mí, estaba con mi Padre* -les dice, como lo más natural del mundo. Sí, estaba en el templo, escuchando a los entendidos en las discusiones establecidas sobre Yahvé, empapándose, orando como lo haría una persona mayor, ofreciendo su punto de vista, la manera de ver de un niño que no es tan niño, que nunca ha sido tan niño porque guarda dentro un Hombre con tal tamaño que el niño no puede contenerlo.

Se asustaron mucho, es verdad, pero del susto obtuvieron la certeza más clara de que Él no había nacido para llevar una vida como todas las vidas, iluminado como le habían visto siempre por una estrella -Dios es en su caso- que le guía en un destino que tantas veces María sueña trágico. Dios no es para él una palabra que se pronuncia en el tiempo de los ritos para olvidarlo a continuación y recordar acaso en los malos momentos, Dios es algo hondo, perennemente dentro y consciente en su caso, es su Padre, su Papá, así se referirá a partir de ahora. Le llamaba mucho la atención a María, y lo remarcaba, Dios era su Papá. *No hace falta que te diga más*, decía ella.

Las habilidades artesanales de Jesús superan a las de José. Este tiene claro, cada vez más, que no es este oficio al que va a dedicar su tiempo el Hijo. Nota su interés por las escrituras, su ilusión por la experiencia religiosa del sábado en la sinagoga, su absorción en el intento de comprender el Mensaje, sabe que busca al rabino para que le explique cada vez que puede, sabe que lee por su cuenta los libros sagrados. Sabe, más allá de este interés por el conocimiento, que su mirada va más lejos. Sabe que las escrituras, y todo lo bueno que vive, es el alimento que nutre su preocupación por los otros, cómo le duele el dolor ajeno, como le gustaría que el mundo fuera de otra forma, eliminar la enfermedad de los cuerpos, pero sobre todo la enfermedad de las almas. Le duele la ignorancia propia y la ajena, no por la ignorancia en sí y sí por sus consecuencias. Lo comenta José a María, o ella a él: *Este niño...* A veces se deja decir entre ellos, ya no es la ignorancia, *es la ignorancia de Dios* -dice. *La ignorancia lleva al egoísmo (o al orgullo), de donde salen todos los males: la avaricia, el desprecio, la envidia, el rencor...*

Cuando algunos versados en la filosofía le escuchaban en estas conversaciones decían que este niño es un filósofo. Mis conocimientos no me permiten valorar esta afirmación, aunque me dicen que los filósofos son los interesados por el conocimiento de todas las cosas. Ahora puedo decir, aunque no quiero adelantarme a los acontecimientos, que Jesús no es un filósofo, si acaso la filosofía es para él un germen, su interés va mucho, mucho más lejos...

No me abandona la sorpresa y la emoción cada vez que el recuerdo de su persona acude a mí. No está ya físicamente entre nosotros, mas su presencia es permanente. Me están costando estas palabras que dejo con la intención de que, como Él nos pedía respecto a cada uno de nuestros actos, sirvan para acercarnos al Reino, para que el Reino pueda llegar a otros, a ti tal vez. Acaba de aparecer la palabra que resumen todo su mensaje, el Reino...

Este Jesús que he conocido apareció hace poco. Hasta ahora he relatado sus inicios para que tú, querido lector, puedas acceder un poco al menos a la comprensión de su Vida, que yo, he de reconocerlo, aun habiendo compartido mucho tiempo a su lado, sigo sin comprender del todo, por el tamaño de sus Hechos, por su Misterio...

Seguía Jesús creciendo interiormente, desvelando su Ser, cada vez más acuciado por intuiciones que le indicaban su Destino. Estaba ahora en Seforis, la ciudad nueva construida también, como no, en las cercanías del lago de Genesaret, o Tiberiades para quien pudiera conocerle por su nombre romano. Y apareció Juan, el Bautista. Le llegaron noticias de sus acciones, bautizando en el río a todos los dispuestos al arrepentimiento, a regresar a la verdad que Dios nos ha mostrado desde hace tanto a los judíos, gracias sobre todo a los profetas. Se interesa por las noticias que le llegan, por las palabras que dice, por su vestimenta -cubierto de piel de camello, con una correa de cuero que le ata a la cintura, un callado, un bolso pequeño donde porta sus minúsculas posesiones, este cuchillo que le es útil para facilitar su alimento, las langostas, que asa, y la miel silvestre-. Exhorta Juan a cambiar de vida, el bautizo con agua es un símbolo, una señal de la purificación que ha de comenzar cada cual a partir de entonces. Vienen muchos a verle, nada atrae más que la paz verdadera, la conciencia en la que no aparezcan brumas, esperando algunos el milagro que pudiera producir el agua, al menos un inicio, cualquiera que lo piense puede llegar a la conclusión de que un poco de agua no cambia el mundo, pero sí es buen motivo para iniciar una manera de vivir más cierta. Vienen a bautizarse hombres de toda condición, de todos los lugares cercanos primero, y Juan les incordia para que reaccionen, para que a partir de este momento cambien, sean hombres en el buen sentido de la palabra, comiencen a dejar atrás todas sus miserias.

Llega Jesús y, cuando el agua le cae, se produce un cataclismo. Juan tiene una intuición grande al verle, un presentimiento, tiene el don de percibir la luz, y la de Jesús le ciega. Toma conciencia de su valía, Hijo de Dios le dice. Jesús, con el bautizo, se llena de conciencia, de esta luz que no le abandonará desde ahora. Es la conciencia de su Destino. Es la certeza de su filiación divina. Es el momento en que su vida comienza a virar radicalmente. El momento en el que, siendo él, se convierte en otro, Hijo del hombre, o Hijo de Dios. Ya no puede seguir con la vida que ha llevado hasta ahora, le abandonan las certezas en las que se apoyaba, le llega la Certeza de su misión, que no conoce del todo como se desenvolverá, su futura dedicación a la salvación del hombre, a construir caminos para la venida del Reino.

Cataclismo semejante no se digiere en un momento. Tantos años de búsqueda, de no sentirse del todo en su centro, no quedan anulados en un instante. Esto nos lo contó Jesús: busca el silencio. La metáfora más clara del silencio es el desierto. Llegando a su destino, al comienzo de este, aparecen las penúltimas dudas. Seguramente en todo Hombre que ha pasado a la otra orilla estas aparecen en los momentos previos al cruce. Las fuerzas de la tierra, de la costumbre, se oponen al libre vuelo del alma. Busca Jesús el silencio. Y en el silencio la vida antigua, la educación recibida que pesa, se resiste a abandonarle. Esta resistencia serán sus tentaciones. Son varias, el sueño del ego se manifiesta de muchas formas. Ser importante: sueña con la posibilidad de convertir las piedras en alimento, y la certeza de que el número de sus seguidores será innúmero. No le interesa esto, su realismo, la claridad de su meta se opone a este primer sueño. No ha venido a ser importante, a tener muchos seguidores que realcen su ego sin que para ellos no signifique ningún cambio. Ha venido para que el hombre descubra al Hombre que lleva dentro, dentro está el Padre, ahora lo sabe, dentro está el Reino, esta nueva manera de ser que viene del hondo y lleva a la paz verdadera, puede decirlo, aún no del todo. Esta primera tentación pasa, es superada, no volverá a aparecer más en su vida. Ha venido a encender luces en el corazón, no a llenar barrigas.

Aparece en su imaginación el sueño del poder sobre las leyes naturales, la idea de volar, subir al templo y lanzarse al vacío evitando la caída. Alguien interesado en magias simples tal vez se deje embaucar, no es su caso. No le interesan los espectáculos circenses, no ha venido a llenar estadios con sus equilibrismos, no de esa forma. Él ha venido a salvar al hombre de sus miserias, y el camino de la salvación para ellos no es el del protagonismo suyo.

Hay un tercer sueño que le ocurre. Ser el rey del mundo, usar su poder, puede ya hacer milagros aunque no ha practicado como comenzará a hacerlo a partir de ahora, para dominar a todos los hombres y los pueblos. Es un sueño que puede embaucar bien al ego, pero el paso a la otra orilla que está a punto de dar es el paso de la aniquilación del ego. El camino de la salvación no pasa por la obediencia a un hombre, a Él. El camino de la salvación para cada hombre pasa por la conciencia de su libertad, pasa por seguir los dictados de la conciencia, él mostrará alguna vía, tal vez la vía, que no es otra que abandonarse al eco con que Dios, en el corazón de cada hombre, deja oír el camino que lleva a la paz verdadera, al Reino.

Ha tenido este tiempo Jesús otras tentaciones. Nos lo cuenta en esos momentos de intimidad tan importantes para nosotros, sus seguidores, estos momentos en que el Hombre público, aun siendo coherente con el hombre privado, deja paso a éste. Todas las tentaciones -nos dice- se reducen al orgullo, a la importancia que uno quiera darse. ¡Qué tontería, pero qué difícil es darse cuenta de que el camino de la Vida es el camino del abandono, de la humildad que se conforma con la minúscula importancia que uno tiene, de las no pretensiones; qué difícil es tomar conciencia de la digna insignificancia, de la vida prestada de que disfrutamos unos pocos años! ¿Merece la pena tantos esfuerzos vanos, tantas energías perdidas en busca de un reconocimiento, o un bienestar material, desproporcionado? No se vanagloriaba nunca de sus descubrimientos, de este paso esencial en el camino de la Verdad y la Vida que había dado. Nunca se sintió más importante que nosotros. Nos orientaba con sus palabras y sus hechos hacia esta Humildad con mayúsculas que nuestro ego se empeñaba con tanto ahínco en evitar.

Me vienen a la mente ahora sus momentos de indignación, de enfado. Tampoco está reñida la Humildad con esto. Le preguntamos por esto.

- *Me siento maestro* -nos decía-, *es un sentimiento bien hondo y cierto en mí. Tan cierto que no puedo actuar de otra forma.*

  Todas mis acciones, como podéis ver, van encaminadas hacia la justicia, hacia la salvación de cada hombre, hacia la llegada del Reino. Me indigno contra esa ignorancia tan dañina, pero la intención que experimento de fondo es buena. No riño para menospreciar o ridiculizar, sí para provocar la reacción, que se den cuenta, que puedan cambiar su actitud, dejar de hacer o hacerse daño. No puedo aceptar el desprecio a nadie, ni el rechazo. Muchos hombres se apoyan en sus conocimientos -fósiles que les impiden ver- o en su riqueza para sentirse superiores a los demás y tratarles como tal. Lo importante no es este sentimiento de superioridad, sino sus consecuencias. Si se sienten superiores se ven con derecho a tratar a los otros como insignificantes, negándoles un poco de pan, un poco de afecto, un poco de justicia. Esto no puedo admitirlo. Como hermano soy responsable de mis hermanos. Como hombre soy responsable de los hombres. Como hijo del hombre soy responsable de los hijos de los hombres, de cada hombre, mujer y niño que son también hijos de los hombres.

- *Maestro, ¿por qué te enfadas tanto?* -le preguntó Pedro, aquel de sus discípulos de personalidad más recia.

- *¿No lo veis?* -respondió Jesús- *Son como niños, me siento su hermano mayor, ¿cómo no reñirles si están*

tan equivocados?, ¿cómo no provocarles con mi enfado si su manera de mirar y vivir es perniciosa para ellos mismos, dañina para los que les rodean?
- Pero podías dedicarte a orientarnos a los que te seguimos, y a los que quieren voluntariamente seguirte –le dijo Juan, uno de sus predilectos.
- También se educa con la exhortación, también es importante poner los puntos sobre las íes cuando es necesario. No puedo callar cuando encuentro maneras de pensar y actuar que van contra cualquier persona, contra mi Padre.
- Te creas, y nos creas, problemas que son innecesarios –dijo ahora Felipe.
- No he venido a traer la paz, sino la espada. Una guerra, incluso esta pacífica en la que estamos envueltos, no deja de ser una guerra... No puedo actuar de otra forma... Tengo poco tiempo... y siguiendo los dictados de mi conciencia -lo que me recomienda mi Padre- no puedo actuar de otra forma.
- Intentas provocar para que nos hagamos mejores, para que encontremos la Vida verdadera.
- Soy, somos un grano de mostaza. Solo pretendo que este grano de mostaza llegue a ser el árbol que es posible.
- El Reino.
- Pero no entendáis un reino semejante a los que conocéis. El Reino al que me refiero es el Reino del amor. Y todos los mandamientos se reducen al que nos lleve a este Reino...

El bautismo ha despertado con total claridad en Jesús la certeza de su vocación (momento clave, muy clave. Es el punto de salida y la toma de conciencia grande), de la llamada para predicar el Mensaje, la Buena nueva. Por un momento se siente desbordado ante la inmensidad de la Obra. Confía. Los medios se le irán dando. No tiene prisa. Y tiene prisa, consciente como es, no sabe cómo -o lo tiene demasiado claro-, del tiempo disponible. Primero no lo sabe. Nos lo confesó. Por eso habla de Apocalipsis, como si el Juicio del final de los tiempos estuviera cerca. No es el Juicio el que está cerca, casi a la vista, es su Juicio...

No puede solo. Los medios se le van dando, en forma de intuiciones que le dictan quienes van a acompañarle, estos que continuarán su obra una vez que El se haya despedido. El los elegirá, siempre con tino, incluso su elección de Judas Iscariote... Empieza a exponer su mensaje, y comienza las curaciones, del cuerpo y del alma.

Sorprende, maravilla, aterra... Los primeros que se conmocionan son Juan y Andrés, que le siguen tímidamente hasta que Jesús se detiene a preguntarles qué desean. Le acompañan. Comparten con Él el resto del día.

Andrés despierta temprano al día siguiente. Va a dar la noticia a su hermano Simón, a quien refiere que ha encontrado al Mesías. Simón le acompaña, incrédulo, adonde está Jesús, que le cambia el nombre al percibir su alma: Tú eres Simón Barjona, te llamarás Pedro. No sé si ya supo Jesús que sobre él edificaría su Iglesia, su comunidad... Ésa es otra historia...

Felipe queda encandilado en cuanto le conoce. Se lo cuenta a Bartolomé. Mateo, el publicano, deja todo y acude a su llamada. Como lo harán Tomás, los dos Santiago, Judas Tadeo, Simón el cananeo Y Judas Iscariote. Estos serán sus discípulos predilectos, a los que elige entre el numeroso grupo de sus acompañantes iniciales.

No los apremia. Tienen su vida, su familia, su empleo. Les da un tiempo para decidir, para arreglar sus cosas. Seguirle es un oficio de dedicación exclusiva. Dejar a los suyos, a la familia, el medio de vida no es fácil...

A partir de este momento van a recorrer muchas localidades de Galilea: Cafarnaúm, Magdala, Betsaida, Nazaret, pasará por Samaria, visitará Judea, Jerusalén...

Sintiéndose Hijo de Dios, Jesús nos trataba a todos como hermanos. Esto tenía, nos dijo, esencialmente en su corazón. Nos contaba que fue descubriendo esta vocación poco a poco, gracias a pequeñas luces que se fueron encendiendo en su conciencia por mor de la Escritura, a las acciones de sus padres, a los gestos de los suyos.

El amor de mi madre hizo crecer el amor en mí, este amor incondicional que siento hacia todo hombre. José, mi padre, me educó en la disciplina del trabajo bien hecho, en la importancia de la acción correcta, y me enseñó que todos los actos tienen consecuencias, a mirar dentro de mí mismo. Era un hombre sabio en su manera de conducirse, un hombre de fe que se había detenido a analizar la forma más correcta de comportarse. Gracias a mi padre se formó en mí la conciencia de que uno no puede actuar de cualquier forma, de que es más importante el cuidado de la persona, no perjudicarla, que cualquier otra consideración o interés. Es una evidencia para mí mi sentimiento de hijo de Dios, también lo es que por mediación de mis padres ha ido emergiendo a mi conciencia la certidumbre sobre mi persona, y la certeza sobre la manera correcta de actuar, de tratar a cada hombre, a cada hermano -nos decía cuándo, reunido el pequeño grupo de sus más fieles seguidores, le preguntábamos sobre él, sobre su vida-. *También ha encendido la lámpara de mi conciencia la lectura y meditación sobre las Escritura.*

Sus palabras llevan una verdad que me ha conmovido desde siempre, primero con un sentimiento de pertenencia que no podía entender, luego con la comprensión de estas emociones que despertaba en mí, el amor que crecía a su lado o mi sensación de hermandad.

No tengo mérito, no me siento más por esta comprensión, sí me siento más responsable, como si este vívido conocimiento me obligara a usarlo para la salvación de cada hombre. Ni siquiera me siento protagonista de las acciones que realizo o los sentimientos que surgen en mí, me vivo como un intermediario entre mi Padre que está en el cielo y vosotros, mis hermanos. Tampoco puedo definirme cuando me pedís que os explique quién soy. Solo puedo responderos que soy el que soy, tal como lo entiendo. Soy un cauce que lleva el agua de la vida, una palanca que abre la compuerta de la verdad, un fuego que alumbra en la oscuridad. Pero todo esto no refleja la importancia de mi persona, sino la obediencia a ese sentimiento que amanece en mí, viniendo de mi Padre.

Cuando le preguntamos por qué predicaba usando las parábolas, nos respondió no menos claro. Nos decía que *las explicaciones van a la inteligencia, pero conmueven poco el corazón. Producen comprensiones pero no modificaciones del alma. Las parábolas van a esta parte de nosotros mismos que entiende sin entender, que se conmueve y tiene conciencia de la emoción que le produce. Las ve quien tiene ojos y las escucha quien tiene oídos. No hace falta ser un intelectual para captar el mensaje, los intelectuales -los fariseos, por ejemplo- están tan acomodados a sus saberes que aparecen muchas veces ciegos para los mensajes del corazón. No pretendo que con mi enseñanza crezca el número de los intelectuales, sí el Reino, la comunidad de los hombres de buen corazón que se sienten y viven como hermanos, nadie es más que nadie, nadie tiene derecho a una vida más digna que los demás. Para cualquier persona es más asequible el lenguaje de los cuentos que el lenguaje de los filósofos. Esta enseñanza es parecida a la enseñanza que portan los cuentos. Va al inmaculado corazón del hombre, a la mirada interior que tiene el don de conocer los entresijos del alma, de la vida.*

Sin embargo, no siempre entendíamos las parábolas, aunque muchas de ellas hablaban de nuestra vida cotidiana. Frente a su tan afinada percepción de la vida y el Reino, nosotros éramos aprendices (y yo, mujer, estaba entre ellos. Toda una revolución para mi pueblo y una suerte para mí). Por esto le solicitábamos que nos explicara algunas de ellas. Pudimos captar así el sentido de la parábola del grano de mostaza o la del hijo pródigo. Todas ellas tenían una enseñanza, todas ellas aparecían siempre asociadas a su mensaje, permitiendo al corazón abrirse a un más allá que era comprendido interiormente, no siempre por la razón.

Repetía nuestro Señor a menudo que había venido para salvarnos. Cuando le preguntamos de qué, nos decía que *sobre todo de nosotros mismos. Hay en nosotros ideas y sentimientos destructivos, de esos quiero salvaros. El mal había en cada uno de los hombres y crece a costa del bien, el odio a costa del amor, el egoísmo a costa de la compasión, la soberbia a costa de la humildad, la oscuridad a costa de la luz... Solo pretendo que os deis cuenta, y a partir de ahí os convirtáis.*

No entendimos esto de la conversión. Nos habló de *la mirada orientada al Padre, de este cambio de vida que nos hiciera sentir a cada hombre como hermano, a esta actitud nueva que le dé importancia al amor por encima de todos los egoísmos y todas las cegueras. Convertirse es dejar las viejas vestiduras, las costumbres que nos atan a las miserias humanas, los pensamientos que nos encierran en el minúsculo espacio del yo, dándonos más importancia de la que realmente tenemos, creyéndonos dignos de todos los privilegios y todos los parabienes, y ponerse las vestiduras de hombre nuevo.*

- ¿*Las vestiduras de hombre nuevo?* – preguntó Felipe.
- *Como un renacimiento. Nacemos del vientre materno y la vida nos va llevando hacia la manera de ser que tenemos. Las circunstancias, los golpes de la vida apagan nuestra luz original, esta que nos permite ver a*

138

nosotros, a los otros y al mundo con limpieza, ausentes de odios o rencores, de distorsiones en nuestra forma de percibir. Renacer es recuperar esta luz interior, esta limpieza en la mirada.
- *Como si ahora viéramos el fondo del lago a través de un agua sucia* -intervino ahora Mateo
- *Eso es. Y convertirse es abandonarse, ir limpiando esa suciedad, ver cada vez más claro el fondo del lago, podemos captarlo tal cual es, como si no hubiera agua.*
- *Eso es la mente quieta, no acuciada por remordimientos ni rencores, ni sueños de grandeza o falsas sensaciones de insignificancia* -dijo Juan.
- *Vivir en el Reino.*
- *O en la sensación de la conciencia tranquila y el amor encendido, ¿es eso el Reino, maestro?* -volvió a intervenir Juan.
- *Sólo si también se traduce en los actos, porque el amor no es amor si no se plasma en esta manera de vivir en que se trata a los demás como te gusta que te traten a ti mismo, en que no pides a los demás lo que no te pides a ti.*
- *Luego el Reino es la Hermandad universal* -intervino ahora Judas Tadeo, más remiso siempre a la solución de los conflictos de manera pacífica.
- *Sí, cada hombre es tu hermano.*
- *¿Aunque me maltrate, me humille? ¿Aunque tenga conquistado mi país y me trate como a un esclavo?*
- *Cierto. Sus actitudes tienen sus razones que tú puedes comprender. Os he dicho que pongáis la otra mejilla cuando os agredan... No se trata de humillarse más, de rebajarse a los deseos de la otra persona, por poderosa que sea... Cuando el amor crece en uno, tiene tanta fuerza que permite desde su fuerza, anulando su influencia en uno. No es fácil, no puede ser una*

obligación a la que te supedites si no lo sientes. Solo es posible cuando el amor es tan fuerte, la fe es tan fuerte que uno deja de tener ego, orgullo si queréis... Todas las agresiones dañan el orgullo. Donde no hay orgullo la violencia no tiene efecto.
- *Es muy difícil, maestro* – intervino ahora Andrés.
- *Cierto. Solo es accesible a través de la fe, del abandono en las aguas de la vida, en la voluntad del Padre. Acordaos de las bienaventuranzas: Bienaventurados los pobres en el espíritu... aquellos para los que el orgullo no existe. Entended por orgullo el darse una importancia exagerada. Somos muy importantes, es cierto, pero a la vez nos engañamos si entendemos esta importancia como el poder de ir a contracorriente de los dictados de nuestra conciencia, de la línea de la vida en nuestro corazón...*
- *Lo vemos en ti, otra cosa es vivirlo uno* -intervino ahora Simón, al que Jesús bautizó Pedro al poco de conocerle.
- *No es fácil abandonar el orgullo, la inflamada importancia que nos damos, la vida animal que gorgotea también en nuestro interior, el instinto de supervivencia que nos hace defendernos de las agresiones, la educación recibida que nos dice "devuelve odio con odio" o nos tacha de cobardes cuando no caemos en la devolución de la embestida... Todo esto es el ropaje del hombre viejo, las vestiduras viejas que, por nuestro propio bien y el bien de la humanidad, hay que desechar. Y tienes, tenéis toda la razón, el cambio no es fácil. Solo es posible si tenéis fe, si crece el amor en vosotros, si pedís al Padre el cambio. Ya os lo he dicho: "Pedid y se os dará". Pero hay que pedir con fe, deseando de verdad... También es importante que seáis conscientes de vuestras vivencias cuando andáis como hombre nuevo, cuando dais*

vuestros primeros pasos con esta ropa nueva que decimos; notad como este nuevo no egoísmo os hace más felices, con una felicidad más profunda y sin término. Importa guiar nuestro egoísmo hacia el bienestar verdadero, al atesorar amor y no riqueza, a amar incluso a los que os odian. Cuando os deis cuenta, cuando experimentéis esta felicidad que casi no es de este mundo, os será más fácil ir dejando las vestiduras viejas, las acostumbradas maneras de pensar y vivir, os será más fácil andar con el corazón limpio y bueno, con la generosidad que mora en cada uno de nosotros, con la conciencia de la hermandad incluso respecto a aquéllos que en absoluto os consideran y tratan como tal. Cuando se experimenta, queda en el corazón, eso es lo que te cambia, y sientes que el mundo puede ser de otra forma..., más sencillo, más justo...

- Produce vértigo. Experimenta uno la ilusión a través de tus palabras y el miedo al cambio. Hablas de convertirse en otro -dije.
- También yo he experimentado este vértigo que dices. Nos acomodamos a una manera de vivir, lo que esperan de nosotros entra a formar parte de nuestra piel, y parece que nos amurallamos, para no sufrir en el fondo, ante los otros... Dar el paso no es fácil. Mostrarse a pecho descubierto, dar sin recibir, decirse la propia verdad y enfrentarse a la propia mentira no es fácil. Pero el camino de la salvación pasa por aquí. El camino de la salvación, de la vida verdadera pasa por la verdad, por este poner luz en las zonas oscuras de la conciencia, pasa por decirse las propias verdades y la conciencia honda de la verdadera significancia personal.
- Eso decías, maestro, "sólo la verdad os hará libres" – habló Felipe después de un tiempo en el que se le veía

absorto en las palabras del maestro, empapándose del mensaje, interiorizándolo con sus cinco sentidos.
- *Así es. Uno puede seguir los mandamientos, la ley como una imposición. O descubrir que esos mandamientos tienen sentido porque ha descubierto en su interior que es la manera correcta de actuar, que actúa siguiéndolos porque los vive así, no como imposición externa, sí como impulso interno. La verdad te lleva a darte cuenta de la relación que tienes contigo mismo, de la relación que mantienes con los otros. La verdad lleva a darte cuenta de los disgustos que experimentas en tus relaciones, de tu insatisfacción con tu manera de vivir; te lleva a darte cuenta también de los motivos de gozo en tu interacción contigo mismo y con los otros. Por eso digo que la verdad hace libre. Lleva a actuar desde la luz de la conciencia clara, no desde la obligación, que sabéis creada para encauzar las ignorancias y hacer posible la convivencia.*
- *Entonces, maestro, ¿estás en contra de la obligación, de la ley?* -volvió a intervenir Simón.
- *He venido para completar la ley, no para abolirla... La ley está hecha para el hombre, no el hombre para la ley, quedarse en la ley o hacer otra ley no es estar por encima de ella. La cumplo por bien común, pero no me ciño a ella... La ley está escrita en el corazón de cada uno... Está bien seguir la ley, pero también teniendo en cuenta de que seguirla es un paso para vivirla desde dentro... Y lo más importante de la ley, su verdadero significado, es el cuidado del hombre. Cuando os decía que el sábado está hecho para el hombre y no el hombre para el sábado, me refería a justamente a esto. La institución del descanso del sábado está bien. Es perfecto que se disfrute un día para dedicarlo a mi Padre. No está bien que por esa misma ley impida hacer*

> *el bien, curar a los enfermos… Es más importante la misericordia que la ley, el más importante el amor que la ley. Cuando os hablo del Reino, me refiero a esto, a vuestra vivencia de que la verdadera ley es la que sale del amor, del amor verdadero al Padre y a los hombres.*
- *Tu único mandamiento…*
- *Este que os dejo desde ahora y para que sirva de guía en vuestra vida: "Ama a tu Padre sobre todas las cosas, y al prójimo como a ti mismo". Más aún, "Amaos unos a otros como yo os he amado". Daos cuenta: Si no me sé amar, poco te amo, pero si he sentido el amor verdadero, ya sé dónde está el listón para los demás. Porque si falta el amor, este amor siempre en germen al menos en nuestro corazón como hijos y como hermanos, todas las acciones están muy vacías y no llevan a la felicidad verdadera que debe ser vuestra búsqueda esencial.*

Llevaba poco tiempo Jesús predicando su mensaje. Tenía el don de curar las enfermedades del cuerpo y del alma. Esta actividad ante pocos, primero, en las sinagogas de los pueblos, se convirtió en una actividad de multitudes cuando se corría la noticia de sus curaciones. A muchos no importaba su mensaje, importaban sus milagros o la posibilidad de llenar la barriga. Esto no le gustaba. Los milagros eran un medio para él, no una meta. La gente sí los entendía como una meta al acercarse a él. La curación de los poseídos o de los paralíticos eran sobre todo curaciones del alma. La resurrección de mi hermano Lázaro o la hija de Jairo eran inexplicables para la mayoría. Nosotros sí entendemos su significado. Él nos indicó que no reveláramos el misterio y he de cumplir mi promesa, incluso en este escrito.

Hubo un momento en que se sentía asediado por las multitudes, y le producía una tremenda insatisfacción que se usara su persona como curandero. No era este su mensaje, ni esta su misión.

Las curaciones pretendían mostrar la fuerza de la fe, el poder del Padre. Mucha gente no iba más allá del beneficio de la salud que podía obtener... Llegó el momento en que intentaba evitar las multitudes, consciente como era, además, de que su mensaje no era debidamente escuchado cuando había tantos y con la sordera que les producía su interés egoísta.

Él se sentía un canal a través del cual se expresaba el poder del Padre. Cierto que tocaba los ojos, o la frente; era la fe en Él, en su filiación, la que producía el milagro.

Llegó un momento en el que aparecía puntualmente en público. Prefería grupos pequeños. Y por esto intentaba que no se previeran sus pasos. El resto del tiempo estaba con nosotros y nuestras familias, a veces acampábamos en medio del campo, en cuevas o entre los árboles. A menudo, sobre todo antes de dormir, se retiraba a orar. En esa oración, nos decía, hablaba con el Padre. Le solicitaba fuerza para soportar el desánimo que le producía sentirse usado, la incomprensión por parte de tantos que le oían sin escucharle. Pedía claridad para usar las palabras adecuadas y ser lo más efectivo en sus acciones, para no equivocarse, para hacer el máximo bien en cada uno de los minutos. Pedía por todos, tal y como deseaba hondamente que todos y cada uno encontraran la salvación. Solicitaba orientación al Padre para cada uno de los pasos a dar...

No puede entenderse a Jesús sin estos recogimientos diarios. Sobre todo cuando se veía en encrucijadas o en la necesidad de tomar decisiones importantes para su misión. Gracias a ello recuperaba energía y encontraba luz para su difícil camino. Aun sintiéndose Hijo del Padre, era también hijo de María. Como hombre tenía sus luces, generalmente era luminoso, también sus sombras. Mi amor por él -me han hablado de enamoramiento algunas veces, mis propios hermanos, por ejemplo- me permitía ponerme en su lugar. ¡Qué dolorosa la incomprensión que experimentaba por parte de tantos de sus oyentes! ¡Qué agobiante el acoso de los fariseos y saduceos! ¡Cuánta energía dedicada para que el mensaje llegara claro a todos, para las curaciones! ¡Cuánta creatividad que no tenía la respuesta que deseaba con todo el corazón! ¡Qué fuerza y fe y claridad de la conciencia para enfrentarse a los poderes religiosos establecidos, para actuar en contra de todos los prejuicios que limitan nuestra vida y nuestra armónica relación con los hermanos!

Acepta a todos sin distinción, atiende a todos los que le solicitan ayuda si su fe es cierta. Escandaliza a muchos (los fariseos son los claros representantes de esto) el trato humano, de Hermano mayor, dado a cualquiera que le solicita ayuda, independientemente de todos los condicionamientos que se usan para separarlos de nosotros, los judíos. Atiende al centurión romano que le solicita la curación de su criado, aludiendo a la fe de este hombre que ni siquiera es judío. Atiende a la samaritana despreciada por los suyos, es mujer y es samaritana -ya saben del rechazo de los judíos hacia los de Samaria, y el desprecio que muestran hacia nosotras las mujeres-, ofreciéndole el perdón, comprendiendo sus diversos emparejamientos.

Para el Maestro no existen distinciones entre los hombres. Todo hombre es su hermano, y cada persona tiene el derecho y la posibilidad de salvarse, de acceder al Reino. Nos dice que no ha venido a predicar su mensaje sólo a los judíos o a los galileos. *He venido para que mi mensaje de que todos somos hijos del Padre, hermanos, llegue a cada hombre, a todos los hombres de todas las regiones* -decía con claridad en sus palabras.

Desde el principio, nos cuenta, sabe que dispone de poco tiempo. Elige a los doce discípulos, no quiere comprometernos a las mujeres en una misión que, por las costumbres de nuestra sociedad, presume poco exitosa para nosotras, pero estamos entre el grupo más grande que se reunía con él, no nos dejó atrás en ningún momento. Los apóstoles son sus acompañantes, también sus alumnos que tendrán la misión de continuar extendiendo su mensaje en todos los ámbitos, en todas las culturas. Muchas de las conversaciones que tenían con ellos -los no apóstoles que les seguíamos participábamos- eran didácticas, les inculcaba el contenido del mensaje, aclarándoles puntos que no habían percibido al escucharle públicamente, y les indicaba las formas. Le escuchaban ellos hambrientos de verdad, admirados como estaban casi todos por su persona y su convivencia, pero al mismo tiempo un tanto incrédulos, no abiertos del todo al misterio que representaba.

Considerándolos aceptablemente formados, les envío a predicar, de dos en dos, por los caminos de Judea y Galilea. Les recomienda atender a los que buenamente deseen oírlos, y reponer fuerzas en las casas en que sean acogidos, también sacudirse el polvo de los pies y seguir su camino cuando desprecien sus palabras. Les dona el poder para las curaciones. Ellos, de manera menos llamativa que el Maestro, realizan su labor, logran que muchos descubran la buena nueva que les muestran. Él le recibe alegre a su vuelta, sintiéndoles, más, pescadores, este cometido que les dejará en herencia.

Aquel día bajaron de la montaña Pedro, Santiago y su hermano Juan con Jesús. Venía Jesús con su expresión habitual, el rostro calmo, la mirada llena de afecto, el paso con su natural cadencia armónica.

Los demás mostraban una especial mezcla de admiración y pasmo. Compuesto el grupo de los trece, y los que Le acompañábamos en muchas ocasiones, seguimos el camino de la curación y la palabra.

Al atardecer, Pedro se acercó a mí, a quien consideraba, según sus palabras y sus actos, su amiga. Me contó la experiencia vivida en la montaña. Solicitó el Maestro a los tres su compañía. Sucedió ayer, ya atardeciendo. Llegaron a una pequeña explanada antes de la cima y Jesús se puso a orar mientras ellos permanecían atentos, dormidos al poco. Despiertos poco después miraron a Jesús, que brillaba con el brillo del sol que hubiera sido domado para mostrar su luz y no su daño; y estaba acompañado por otros dos hombres cuyo cuerpo fulguraba semejante al resplandor que distinguían en Él, un resplandor que dejaba sus cuerpos luminosos, un tanto incorpóreos, difusos. Hablaba Jesús, según pudieron intuir, con Moisés y Elías, el profeta. Quedaron los tres apóstoles sin palabras, y sin entender muy bien qué decían… Una nube les envolvió de pronto. Este es mi Hijo amado -pudieron escuchar en sus corazones-… Cuando se fue la nube Jesús estaba solo, frente a ellos, con su aspecto normal. Les pidió que no contaran nada de lo que habían visto, de momento.

Sintió Pedro, según me decía, un abrirse su conciencia, un ponerse de par en par las puertas de su mente, un entender a fondo que Jesús no es de este mundo, la verdad honda de su mensaje sobre el Reino y su Padre que está en el cielo… Debo reconocer que, aun habiendo presenciado tantos milagros del Maestro, no terminé de aceptar del todo el relato de Pedro, asociándolo quizás a un sueño, cierto que compartido por los tres que Le acompañaron en su ascensión.

Y de pronto, como un destino previsto que ha de realizarse, se aceleran los acontecimientos. Mi corazón se llena de dolor solo pensarlo. Su sufrimiento injusto, su condena injusta, su crucifixión injusta… Jesús ha celebrado la Pascua según el ritual propio nuestro. Han tomado el cordero, el pan ácimo, las salsas… Y dice de pronto que uno de los doce va a traicionarle. Él le conoce y lo señala a Juan, que le pregunta.

Parte el pan y lo reparte entre todos, como símbolo de entrega de su persona, de la manera de vivir el Reino. Toma el vino y hace lo mismo.

Van al Monte de los olivos tras la cena, en las cercanías de Jerusalén. Pide Jesús a Pedro y los dos hermanos Zebedeo que acompañen al huerto de Getsemaní. Reza Jesús, como es tan usual en Él, mientras los discípulos quedan dormidos. Un rezo ahora en el que aparece la angustia. Sabe ya con certeza absoluta que su destino va a cumplirse. Vive como nítido presentimiento qué va sucederle a partir de ahora. Y su angustia, su soledad, es tan fuerte que llora, lágrimas de sangre llora, y pide a su Papá que aparte de Él este cáliz, si es posible, o que se cumpla su Voluntad si ha de ser de esta forma.

Ven llegar al huerto a un grupo con antorchas. Su discípulo que va a traicionarle en cabeza, algún miembro del Sanedrín, algunos fariseos y saduceos, un pelotón romano con su centurión al frente.

Empieza ahora -siente Jesús.

Se le acerca el traidor y le besa. Es la señal para que reconozcan al Maestro sus captores. Los soldados le prenden. Pedro saca su espada... Jesús les solicita calma. Huyen todos. Jesús es portado preso, a casa de Caifás. Este se alegra. Convoca el Sanedrín (todos sabemos que no están todos los del Sanedrín, es una farsa para eliminarle. Caifás lo sabe, pero sigue adelante con los suyos). Apañan la intervención de los testigos, los falsos testimonios desde su falsa ley, desde su errada manera de entender las cosas, estas de Dios y de los hombres... Le llevan a la residencia de Herodes, el rey judío.

No puede condenarle, a muerte, como desean. Pero sí le humillan, le visten de rey con harapos brillantes, le escupen, le golpean... Le trasladarán a la residencia del gobernador romano, P. Pilato, que no le ve culpable, cuya mujer le advierte de la posible injusticia, de las posibles consecuencias para su suerte. Vueltas, mentiras...

Buscan los saduceos cómo convencer al gobernador. Se ha declarado Mesías -le dicen-, rey de Israel . Pilato no le da importancia, son cosas de los judíos, que tanto desprecia... Se acuerdan los consejeros de la costumbre de liberar un preso en esta fecha. Jesús... o Barrabás, el zelote. Movilizan los judíos a sus partidarios, ellos mismos se entremeten en el patio del palacio. *¡Libera a Barrabás!* -gritan al unísono. *¡Crucifica a Jesús, crucifica a Jesús!* – se empeñan. Pilato no se responsabiliza, pero cede...

El dolor sufrido por mi Amado estas horas ha sido terrible, más terrible el sufrimiento que le espera, con su travesaño de la cruz al hombro, sin fuerzas, golpeado, vilipendiado, escupido, tras los muchos latigazos este camino hasta el Calvario, donde es crucificado junto a los dos ladrones... Papá, ¿por qué me has abandonado? -grita el Maestro, ya en la cruz, cercano su expirar. Sufre María en llanto y en silencio, sufre Juan el discípulo amado, qué decir de mí... Expira Jesús al tiempo que se queja con terrible fuerza el Cielo, como la potencia de un rayo multiplicada muchas veces... Están María, la madre de los hermanos Zebedeo y yo, también Juan.

José de Arimatea pide el cuerpo a Pilatos para enterrarlo. Y lo lleva a una cueva que tenía prevista para su propio entierro.

Nicodemo trae los bálsamos para ungir su cuerpo, que envolvimos en una sábana limpia. Se tapó el sepulcro con una pesada roca...

El sábado ya noche fuimos a ver la tumba María y yo. Estaba abierta, y Jesús no estaba. Nos quedamos dormidas. Y en sueños recibimos la noticia de que Jesús se dirigía a Galilea, donde le veríamos, donde todo comenzó, territorio de los gentiles, no de los fieles. Así fue... Así se fue apareciendo a su madre, a todos los apóstoles...

De estos se despidió encomendándoles la transmisión del mensaje para la salvación de los hombres, estas palabras, según me contó Mateo: *Se me ha dado todo el poder en el cielo y en la tierra. Id, pues, y enseñad a todas las gentes, bautizándolas en el nombre del Padre, del Hijo y del Espíritu Santo, enseñándoles a guardar todo lo que os he mandado. Y sabed que yo estaré con vosotros todos los días hasta el fin del mundo.*

Me dice Pedro, mi querido amigo y hermano en Jesús, que todos experimentaron una especie de benigna convulsión, como un transformarse del todo su conciencia. Ahora han visto al Señor, y reciben por medio suya la fuerza, la capacidad de expresarse en distintas lenguas.

Me dice Pedro, con la tristeza reflejada en el rostro y la alegría de la convicción mostrada también en la mirada, que Jesús, otra vez transfigurado como había presenciado anteriormente, se diluyó en el aire delante de ellos, como si el cielo lo hubiera absorbido...

Han pasado los años y sigo sin entenderlo. ¿Cómo los intereses de unos cuantos y su ceguera para la verdad tuvieron estas consecuencias? No hacía daño a nadie, nos protegía a los desfavorecidos, curaba a los enfermos sobre todo de la conciencia, su prédica pretendía la felicidad verdadera para todos nosotros... No puedo entenderlo. Me cuesta comprender cómo por mantener una vida de privilegios se pudo producir y se produce, sin miramientos, el asesinato de este Hombre que sólo pretendía el Bien con mayúsculas para todos, más para los pobres, los amantes de la justicia, los marginados...; no perdían nada haciéndose mejores, pero la mente y el saber tiene sus trampas, su negación a ver aunque sea lo evidente; hubieran ganado el tesoro más grande, no solo para este mundo, también para el mundo que nos espera después de la muerte, como he podido ver en Jesús, la felicidad verdadera, amar y ser amados. Pero...

Han pasado los años y sigo sin entenderlo. Juega en mi corazón la tristeza y la fe, este dolor por la pérdida que no me abandona, esta seguridad de su presencia en nuestras vidas, esta convicción de que todo lo vivido con Él es real, aunque nuestra pobre inteligencia no llegue a comprenderlo del todo. Nos queda esta certeza de su Vida, la seguridad de que sus palabras son las Palabras, de que el Reino que predicaba es posible; la seguridad de que un día todos los hombres y mujeres del mundo se tratarán como hermanos. No sé cómo -no dejo de ser una mujer afortunada por haberle conocido y tratado-, todo el mensaje se hará realidad, no sé cuánto tiempo será necesario, al final se halla la luz, su luz que vencerá las tinieblas y el reino que predicó será la realidad de este mundo…

Han pasado los años y sigo sin entenderlo. Nuestro Hermano mayor era el más humilde de todos nosotros en el trato, un hombre al servicio de nuestro bienestar verdadero, y no le entendimos, embarcados en nuestros minúsculos egoísmos no le entendimos del todo hasta el final, cuando pudimos comprobar cómo había ganado a la muerte, como levantó en verdad el templo destruido en tres días…

Espero que estas palabras que dejo por escrito puedan encender alguna luz en quien las lea, alimentar esa parte del corazón que aspira a la paz y a la justicia, permitan reaccionar ante el engaño, progresar en el camino que te lleve a ti, a esa parte de ti que te trasciende…

Epicteto, el refugio interior

> *Es que ahora yo soy vuestro educador y vosotros ahora os educáis conmigo. Y yo tengo este proyecto: haceros libres de trabas, incoercibles, sin impedimentos, libres, venturosos, felices, con la vista puesta en la divinidad para todo, lo pequeño como lo grande; y vosotros estáis aquí para aprender y ejercitaros en ello (Manual de vida, Epicteto).*

Debo a Epicteto la Vida... Fíjate, querido lector, que pongo Vida con mayúsculas... Antes de conocerle vivía en un estado de insatisfacción permanente -ahora puedo decirlo-. Dotado de ciertas cualidades personales que la educación recibida supo desarrollar, llegué a una buena posición en el ejército, a una riqueza suficiente para vivir el resto de mis días sin preocupaciones. Pero el balance que hacía en muchas ocasiones me era ciertamente insatisfactorio, nublado por impulsos y deseos que de continuo inquietaban mi alma.

Mis orígenes se hallan en Nicomedia, procedo de ascendencia noble y cultura griega. En el mundo romano al que pertenezco, la clase aristocrática, se da importancia al mérito, pero más a la sangre, y una parte importante de las acciones se orientan por la opinión que suponemos en los otros, sobre todo en aquellos que pueden facilitarnos el ascenso en la pirámide política y social, en el *cursus honorum*, como lo llamamos nosotros. Sí, el ambiente en el que me he desenvuelto siempre -hasta que le conocí, hasta que hice propias las enseñanzas que pude recibir de él- marca con claridad el significado de lo correcto, no tanto en el plano ético como en el plano social, juego de espejos en el que la imagen propia que nos devuelve la opinión ajena está muchas veces distorsionada.

Puse todo mi ímpetu en la carrera militar desde el momento en que ingresé como caballero en el ejército, al servicio del emperador Trajano. En mi familia y entre mis amigos se valoraba por encima de cualquier otra dedicación posible para los de mi clase. Y llegué a general, que no es mal puesto... desde ese punto de vista social que valora más las formas que el fondo personal latente...

Visto desde fuera, este grado de general tiene importancia. Se mira el poder, el mando, el respeto con que te tratan todos los inferiores a ti en la jerarquía, el trato con las élites... Pero no se tiene en cuenta la responsabilidad que supone guiar a esos soldados, al menos dos legiones, que dependen de ti, cuya vida depende de ti desde el momento en que ocupan un lugar a tus órdenes... Aun mi amplia carrera militar, seguía sin llevarme bien con la sangre, con las muertes que sembraban el campo de batalla, incluso a veces el campo de entrenamiento....

Nunca olvidaré aquel día... Acampamos en los alrededores de Nicópolis, la ciudad griega de Epiro fundada por Augusto en el Golfo de Ambracia. Montamos las tiendas con verdadera dificultad; era un día tormentoso, de agua a chuzos y viento poco menos que huracanado. Terminamos de preparar el campamento cuando cerraba el día.

La vida del militar romano es dura... Casi no hace falta decirlo para los que la han conocido; es bueno pregonarlo, sin embargo, para que pueda oírse, sobre todo los niños que fantasean con grandiosas aventuras y próximas glorias... Tantas millas con la impedimenta a cuestas, esas ciento cincuenta libras pondo (cincuenta quilos) de armas y equipos, en los desplazamientos, siempre con prisas, invariablemente con un objetivo y un plazo en mente; tantos paisajes distintos y no justamente hospitalarios en muchas ocasiones; perenemente a expensas de los caprichos de Júpiter, o rezando para que Marte nos sea propicio en la batalla; no pudiendo disfrutar de la bondad de las estaciones y sí de su cara amarga... Llegamos agotados. Una vez organizado el campamento, casi recién inaugurada la noche caí en un sueño profundo.

He de mencionar, para que sea del todo fidedigno mi relato, que el día pasado y los instantes previos al sueño los viví con tranquilidad, una paz poco habitual en mí, y la sensación de vivencias rememoradas desde el fondo de mi alma.

Soñé con un esclavo, de aspecto frágil, con cierta inestabilidad en el caminar, haciéndose enorme de pronto y ocupando todo el espacio de mi conciencia, de mi sueño. Recuerdo difusamente sus facciones tal como se me aparecieron; sí veo su cabello un tanto desgreñado y su barba espesa. Me miraba a los ojos y, con sus gestos, me invitaba a seguirle cuando su tamaño disminuía mientras caminaba hacia un gran fuego que podía distinguirse en el fondo. Recuerdo sentirme confuso, temeroso, inseguro, yo, que estaba acostumbrado a enfrentar la muerte y las penurias con el temple que la educación militar había instalado en mí. Sus gestos, al principio bruscos, tornaron agradables, creo que se transformó su rostro en sonrisa y asentimiento. Recuerdo mi duda, y el sentirme tensado entre dos fuerzas, la de mi estado actual que me atraía hacia la permanencia en la forma de vida presente frente al deseo de seguirle hacia lo desconocido... Como en todos los sueños, había más tramas enlazándose, pero desaparecieron al poco de despertar. Quedó solo en mí esta lucha, esta incertidumbre que, mientras estaba soñando, me costaba manejar...

Me desperté con la palabra filosofía flotando en mi conciencia, esta palabra y la duda sobre el significado de mi sueño.

Me vino a la mente también el nombre de la ciudad, Nicópolis... También lo oído sobre un filósofo que, expulsado de Roma por Domiciano junto con el resto de los filósofos y otros hombres de ciencia, se había asentado aquí. No recordaba su nombre. Era ya famoso, lo había oído nombrar a alguno de mis compañeros de oficio, también a alguno de mis asesores... ¡Epicteto, eso es!

Varios días estuve inmerso en pensamientos e impulsos contradictorios en mí. *¿Qué significado tendría el sueño? ¿Qué tendría que ver el sueño con la filosofía? ¿Qué papel tenía Epicteto? ¿Sería el esclavo que me invitaba a seguirle?...*

Hice algunas pesquisas -no tenía nada que perder-... Me hablaron de su vida, de su manera de vivir anónima y, aun así, visitado por eminentes personajes, el mismo emperador Adriano pasó por su casa. Lo digo ahora, aunque adelante un poco los acontecimientos, y señale desde ahora que él nunca presumió de nada en ningún sentido... Me di permiso para visitarle...

Vivía casi a las afueras, en una pequeña choza de argamasa, con el techo de madera y junco, con la base de tierra apelmazada, de una sola pieza. Las paredes exteriores estaban encaladas y una sola portezuela separaba el mundo exterior del espacio íntimo.

Cuando le vi por primera vez estaba sentado en la puerta. Partía unas aceitunas. De un cesto iba sacando las olivas que, golpeadas con una piedra sobre un tronco, pasaba a un ánfora basta de tamaño mediano... Conversaba con otro hombre de aspecto acomodado. Su indumentaria era sencilla, túnica de paño, de color claro; calzaba unas sandalias de militar dispares de tacón, gastadas de usos.

Al verme, ataviado como iba con el uniforme reglamentario, se levantó solícito a atenderme....

Soy Lucio Flavio Arriano, de Nicomedia, general romano, y en mi cursus honorum he llegado a Cónsul. Cuento esto no por vanagloria, más bien para que pueda entenderse la banalidad de pretender que uno es dueño de algo, o alguien, porque el Destino se ha mostrado benigno en algunas etapas de su vida.

Él es Epicteto, el filósofo...

Nuestro primer encuentro transcurrió entre las formalidades de las presentaciones. Él, hombre libre desde hacía poco -manumitido llamamos a los hombres de esa condición-, se mostró en todo momento atento y servicial. Por mi parte, le traté con el respeto que considero merece todo hombre, esclavo o no, de forma que, inflexible con mi predisposición al ir a visitarle, puse más atención en la escucha de sus palabras y sus gestos que en lo que yo pudiera decir.

Pude notar, ya desde ese primer encuentro, su categoría personal, una condición que no tiene nada que ver con el status, tal como me habían enseñado de siempre. Pude notar, ya desde este primer encuentro en el que no hubo discursos ni reflexiones más allá de lo cotidiano, que el hombre que tenía delante era un sabio. Impresión que se ha afianzado como verdad en mí con el transcurso de los contactos y los años...

Sabiduría es -lo intuía antes, ahora se confirmaba cada vez que nos íbamos viendo o nos comunicábamos de manera epistolar- el aditamento que le faltaba a mi vida. Me equivoco, la base, la esencia que le faltaba a mi vida.

No hablaba mucho de sí mismo. El sabio no presume de lo que es o deja de ser y, simplemente, actúa. El sabio no mira hacia su ego, vive como en una nube de no egoísmo; por lo que todos sus sentidos se orientan a la mejora personal de aquellos que, como yo, adquirimos el honor de convertirnos en alumnos suyos.

Noté desde el principio que me trataba como se trata a un semejante. Cierto es que no olvidaba en absoluto mi posición de privilegio; cierto es igualmente que, llegados al nivel de confianza suficiente, me exhortaba o llamaba la atención como a cualquiera de sus otros alumnos. Toda mi relación con él, puede decirse, es una relación de ascenso hacia la lucidez -no pocas veces mencionaba el mito de la caverna platónico en relación con el proceso educativo.

Su voz era calmada. Pocas veces le vi salirse de sus casillas, pocas veces no quiere decir nunca, nadie deja de ser humano; le vi enfadado alguna vez consigo mismo, un poco reprendiéndose porque su bien cimentada filosofía no se había expresado en algún momento de su práctica, o con algún alumno, póngaseme como ejemplo, que manejaba la teoría pero no alcanzaba la pericia suficiente al aplicarlo en su vida. Enfados pasajeros...

Poco a poco, la intimidad lleva a esto, y las preguntas del alumno o el amigo lo hace posible, fue contándome ciertos pormenores significativos de su vida.

Había nacido en Hierápolis de Frigia, sobre el año 808 de la fundación de Roma. Contaba no recordar mucho de sus primeros años. Sus padres le aparecen a la memoria de manera borrosa, gestos desvaídos a través de la niebla.

Se ve luego viajando, un viaje largo, con poca libertad, que le llevaría a Roma. Recuerda su exposición y venta en el mercado de esclavos, cómo se acercaban los compradores a comprobar la idoneidad de la mercancía, como la llamaban ellos. Le viene a la mente, a veces, cómo le tocan las piernas, el trasero, como se fijan en sus órganos genitales, o le miran la dentadura...

No tuve mala suerte, del todo -dice-. Prácticamente no conoció a su primer amo, embarcado este de continuo en campañas militares en diversos lugares del Imperio. Su primera ocupación fue atender a un hijo del dueño de edad parecida a la suya; atendía sus necesidades, era instrumento para sus juegos, una mascota siempre presta a contentar sus deseos. *No fueron malos tiempos* -repite de otra manera.

Le compraron luego para la casa de Nerón, al que vio apenas. Su dueño, si entendemos por esto al personaje que le ordena, fue Epafrodito, el liberto encargado de las tareas de intendencia de palacio. Se ve acarreando provisiones, a veces a hombros sacos de trigo o legumbres, carnes varias, sal...; carga sobre los carros en otras ocasiones; se ve yendo al mercado, casi cada mañana, para la compra de las provisiones del día, acompañado de otros de su misma condición, siempre el mismo camino, el mismo ir y venir rutinario... Se ve en las cocinas ayudando en la preparación de los manjares muchos y varios que continuamente se consumían en palacio.

Mal no le tratan, generalmente. Ya se sabe que hay amos que consideran a los esclavos como perros; cuando el capricho manda sobre el sentimiento de una compasión mínima, aparece el señor que no lo es tratando con crueldad a mi maestro. *Epafrodito no era mal amo* -dice-. Aunque liberto, a veces olvida su pasada posición. Así, un día le tortura hasta partirle la pierna, a pesar de las advertencias de Epicteto que no escucha. Desde entonces anda este con más dificultades para mantener el equilibrio, la postura erecta. Ya se conoce que un esclavo es una posesión, como un animal cualquiera, podría decirse -eso pensaba yo hasta que sus enseñanzas transformaron por completo mis puntos de vista, mis opiniones sobre tantas cosas...

Sí es verdad que, en parte por conveniencia, Epafrodito le permite asistir a las lecciones que daba el filósofo Musonio Rufo, el estoico. Gracias a éste se forma más aún el carácter de mi maestro... Vivir como esclavo supone sobrevivir, y para ello ha de aceptarse como inevitable el capricho de los que le poseen u ordenan. Con el saber estoico que adquiere Epicteto pone nombre a este vivir a merced de los designios ajenos a sí mismo, se va formando en él una visión más del Cosmos y su significado.

Me cuenta también, son muchos los esclavos que se han sumado a esta nueva religión, que por este tiempo traba relación con los cristianos. Es normal, esta creencia habla de la hermandad de todos los hombres y de un Dios que ha enviado a su hijo Jesucristo -de ahí el nombre que recibe esa secta- para salvar a los hombres del sufrimiento, o del pecado, como dicen ellos. También le influye. Me dijo que encontró una conexión entre ambas enseñanzas: la consideración de todo hombre como hermano, o ciudadano del mundo es un ejemplo. El cristianismo es una creencia revolucionaria, que no le gusta nada al emperador del momento, y desde sus comienzos está siendo perseguida.

Al final -me dice- se afianzó una amistad con su amo de facto, Epafrodito. Este decide darle la manumisión.

No tiene recursos Epicteto, sin embargo. Tal vez podría haber buscado una vivienda independiente, establecido su escuela. Su ex amo se ha beneficiado de sus saberes sobre la persona y el mundo. Le permite continuar viviendo en su residencia un tiempo... Empieza aquí un inicio informal de lecciones; más que discursos, consejos para desplazarse con más tino entre las inestabilidades por la vida.

Cuando le vi por primera vez llevaba relativamente poco tiempo en Nicópolis. Su fama, sin embargo, había traspasado fronteras. Recibía ya visitas de hombres de toda condición y clase -también de alguna mujer, pero estas visitas, en los tiempos que vivimos, no pasarán a la historia-. Con lenguaje sencillo transmitía un conocimiento bien asentado en su conciencia, orientaba hacia una forma de vida lúcida y estable, era un terapeuta.

Vivimos en un mundo convulso. Continuamente hay revueltas de los pueblos conquistados por Roma (afortunadamente en estos tiempos no afectan al Imperio), partidarios y detractores del Emperador que luchan soterradamente por el poder, problemas económicos, de abastecimiento de cereales... Nuestra vida está a expensas de la volubilidad de la Fortuna.... Para las personas más sensibles o más conscientes de esta futilidad de la vida, han aparecido filosofías como la que Epicteto enseña. Son antiguas, pero siglos después siguen teniendo todo su sentido... sobre todo para aquellos que, como era mi caso, vivían en una perenne intranquilidad e insatisfacción vital, un tanto a la deriva, apoyado solo en la profesión y unas creencias en los dioses romanos que hacían aguas por todas partes...

Esta filosofía que enseñaba mi maestro era justo una medicina para el alma, para la persona total. En nuestras conversaciones, no de otra manera se producía la transmisión de la enseñanza, fue formándose en mí una teoría sobre el Cosmos y el papel de los seres humanos en él que, enraizada en la práctica, me ha convertido en una persona diferente, más asentada, más en paz consigo mismo y con el mundo...

Dos motivos hay por los que los aprendices nos acercábamos al sagrado recinto de la sabiduría de mi maestro. La curiosidad se saciaba pronto y los discípulos que podían haber sido se quedaban en eso, en potencia; la necesidad ponía más motivos al interés por la enseñanza. Estos, como yo, quedábamos.

Mi segunda visita, un par de días después, tenía ya un objetivo claro. Me quejaba de los sueños, pesadillas muchas veces recordadas durante el día que ocupaban mis sueños. No se lo dije con claridad, pero él intuyó. Ahí puede decirse que comenzó de veras mi aprendizaje. Eso sí, me exigió dejar de lado todas mis ideas sobre las cosas, prejuicios las llamaba.

Me habló de las representaciones que poseemos de nosotros mismos y los sucesos del mundo. Estas representaciones son las ideas que tenemos sobre todos los acontecimientos internos o externos. *No nos hacen sufrir los sucesos* -decía-, *sino las representaciones que se forman en nosotros de tales sucesos, o que formamos de ellos.* De esta verdad nos mostraba la primera guía de vida. *Los sucesos del mundo, entendiendo por mundo todo lo exterior a nosotros, a nuestra conciencia, a nuestra libertad, se dan como se dan, son como son; el camino que nos queda es gestionar las representaciones que tenemos de ellos para que no nos hagan sufrir, para que no nos afecten hasta el punto de desestabilizar nuestra vida.*

Este primer aprendizaje parece fácil de ver. Estas representaciones que hay en mí son los ojos con que miro e interpreto el mundo. Sufro porque veo de una manera turbia. Nos recomendaba ir aplicando a situaciones concretas y no demasiado problemáticas de nuestra vida cotidiana este primer conocimiento sobre la manera de funcionar nuestra inteligencia. Pude darme cuenta, gracias le doy, de que no percibimos los sucesos tal y como son, sino tal y como somos nosotros, tal como interpretamos nosotros.

El ejercicio de reflexión continuado iba originando, puedo certificarlo, los cambios... Nos decía que *de las representaciones surgen las opiniones que tenemos sobre los incidentes que se dan en la vida. Así, las opiniones son nuestras creencias.* Creo quiere decir que me agarro, por decirlo de una manera clara, emotivamente a una manera de entender. *Las opiniones son la base de mis juicios y mis actos. Si yo creo que una ofensa me hace daño, me lo hará* -aclaraba-, *si por el contrario opino que no me afecta, no me dañará. Todo depende de las opiniones que tenga sobre las cosas.*

No es fácil, al menos no tan fácil como puede parecer al ver unas palabras escritas al respecto, un cambio en la manera de ver el mundo y en la práctica cotidiana en la vida. ¡Es tan amplio el espacio que ocupa la conciencia, tan sinuosos los caminos que nos conectan a nosotros, los otros y el resto del Cosmos!

Asociados a las opiniones surgen los impulsos para actuar, y los actos. Si me creo ofendido, tengo el impulso a proceder como ofendido y puedo actuar dejándome llevar por la pasión de la venganza, del rencor...

¡Cambia tus opiniones sobre los sucesos, y cambiará tu vida!, era la exhortación que, en su estilo pacífico y humilde, nos hacía a menudo.

El padecimiento es el síntoma... Necesitamos sin remedio apoyarnos en creencias. Las creencias que tenemos sobre muchos sucesos pueden ser erróneas, al menos en el sentido de que nos hacen sufrir innecesariamente. *La meta es alcanzar una creencia verdadera, ante la que sin remedio asintamos* -aunque no con las mismas palabras, nos mostraba la necesidad nuestra de apoyarnos para vivir en verdades, en el conocimiento que nos aporta la filosofía, al fin y al cabo.

Hablaba del Cosmos, o la Naturaleza, y de un orden inmanente en la naturaleza. Su sentido eminentemente práctico, el único que la filosofía tenía para él, le llevaba a desinteresarse de especulaciones sobre el origen de este orden. Intuíamos en él, sin embargo, una creencia latente sobre esto. ¿El Dios cristiano? ¿El Logos, tal como creía Zenón, el creador de la doctrina a la que se había adherido?

Evidente era para él la existencia de un orden en la naturaleza. Y nuestra posesión de unas facultades que pueden permitirnos bien vivir la vida: nuestra inteligencia, chispa del Logos, para descifrar las leyes del Universo; nuestra libertad, para aceptar, adecuarnos a la realidad tal como es; nuestra conciencia de la relativa importancia y el minúsculo poder que tenemos en el curso de los sucesos de la naturaleza, la conciencia de nuestra humildad, de nuestra frágil posición en el mundo.

Nuestra razón, ¡qué gran regalo! -se admiraba muchas veces, aunque con otras palabras-. *Sólo gracias a la razón podemos llevar una vida razonable. Entender las razones de los sucesos, vivir acorde al orden del mundo, a la posición de desventaja en que nos encontramos.*

Nuestra libertad -usaba a veces la expresión el *regente interior*- *nos hace capaces de adecuar nuestra vida a los ritmos cambiantes de las personas y las cosas, sobre todo al orden por debajo de todos los cambios.*

Educarse, no hay nada más importante -repetía a menudo-. *El darse cuenta es el primer paso. El poner en práctica* -este es el trabajo de nuestra libertad o nuestra voluntad, dos maneras de expresarse una facultad nuestra complementaria- *es el camino hacia la ataraxia, hacia la imperturbabilidad en todas las situaciones de la vida.* Le pregunté respecto a esto si era posible, si bien veía en él un estado de paz semejante. Su respuesta fue clara. *Tenemos sentimientos, es inevitable sentir; pero es evitable dejarse invadir por estos sentimientos. Estos son fuegos que intentan extenderse, sobre todo los provocados por determinadas situaciones dolorosas de la vida. La educación nos ayuda a dejarlos pasar, tienen su duración, intentan ocuparnos si nuestra sensibilidad permanece asilvestrada o nuestra práctica es insuficiente. La práctica, y la conciencia clara de lo que depende y no depende de nosotros... Esto he aprendido, así vivo. Es el camino del maestro Heráclito, del maestro Sócrates, del sabio Diógenes el cínico. Uno ha de llegar a sentirse dueño de sí mismo, uno es libre. Usemos adecuadamente esta libertad que es nuestro más preciado bien.*

No le gustaba al maestro hablar demasiado. Mostraba ese estado de quietud interior, de ensimismamiento receptivo al otro, libre de la obligación de demostrar, libre de la necesidad del reconocimiento ajeno, hecho uno con esta manera de vivir ganada con el esfuerzo, natural ahora en él.

Actuaba; el decir quedaba únicamente para sus enseñanzas, para sus llamadas de atención a nuestra cordura.

Es importante tener claro qué depende y qué no depende de nosotros. No depende de nosotros lo externo a nuestro recinto interior, aquí donde habita esta libertad que digo, donde mora el regente interior, o el daimon que decía Sócrates. Esto es lo único que depende de nosotros. El resto, lo externo, no depende de nosotros; no depende de nosotros nuestro cuerpo, sí cuidarlo cuanto podamos, pero no podemos controlar la enfermedad, los accidentes que nos ocurran y dejen sus huellas en él; no podemos controlar la misma duración de nuestra vida, incluso siempre está abierta esa puerta a otra vida que es una realidad del todo incontrolable; no somos dueños de la vida de los otros, de los seres más queridos; no somos dueños de los bienes, hoy tengo y mañana puedo quedarme con mi boca que necesita alimento y mi cuerpo que reclama descanso. Nuestro único camino es aceptar que la naturaleza está ordenada de esa forma y nuestro poder no va más allá de la capacidad de aceptar las cosas como son, o enfrascarnos en una lucha cuya derrota está asegurada.

No depende de nosotros la vida de los semejantes, cercanos o no, ni sus reacciones ante nuestra conducta o ni siquiera por nuestra conducta. No queda otra que la educación para vivir la vida de manera ecuánime. Te recomiendo que practiques la impasibilidad ante las ofensas, sólo ofende aquello que nosotros permitimos que nos ofenda. No nos sentimos perturbados por sus conductas, sino por nuestras opiniones sobre sus conductas. Cuando vamos progresando en el camino del conocimiento nuestra perspectiva cambia. Quien vive en la ignorancia culpa o reclama al otro lo que él ha hecho mal; quien va aprendiendo comienza a reclamarse a sí mismo por sus errores, va teniendo conciencia de que es su dueño y, como tal, tiene la libertad para gestionar bien sus opiniones; la persona sabia ni reclama a los demás ni a sí mismo, no juzga porque comprende las leyes naturales, las leyes que rigen la conducta de los hombres, la causa de las tristezas y el camino hacia la alegría.

La divinidad es como es, bueno es acercarse a su comprensión. El mundo es como es, bueno es acercarse a su comprensión. Bueno es tener en mente esa verdad, y aprender a sentirse menos que nadie porque cualquier otra postura en la vida es un engaño. Menos que nadie quiere decir libre de vanidades, pero dueño de dejarse llevar o no por los caminos que pretenden los deseos, los impulsos, el eco en uno de las intenciones de los otros, de las palabras o los actos de los otros. Nada soy, nada tengo. ¿Hay quien pueda herirme?

Somos filósofos, todos nosotros, los que nos acercábamos a él para beber de la fuente de su sabiduría, una fuente que manaba no solo de sus palabras, también de sus gestos y sus actos. Somos filósofos, o éramos filósofos, aprendices de sabios, bebiendo de un filósofo que ha llegado, llegó, a realizar su sueño, tal vez a guiarse únicamente por los dictados de su regente interior. Recuerdo con precisión, aparece en los escritos que conservo de sus conversaciones, su definición del filósofo. Difícilmente puede enunciarse de una manera más nítida, sobre todo cuando la filosofía orienta a un saber que encuentra su único significado en su encarnarse en la práctica diaria. Esta es la situación y el carácter del filósofo: todo beneficio o daño lo espera de sí mismo. Estos son los signos del que progresa: a nadie censura, a nadie alaba, a nadie hacer reproches, a nadie reclama, nada dice de sí mismo jactándose de lo que es o de lo que sabe. Cuanto le pone impedimentos o le estorba se lo reprocha a sí mismo. Y si alguien le alaba, él mismo en su interior se burla del que le alaba. Y si le censura, no se defiende. Va de un lado a otro como los enfermos, teniendo cuidado de no mover ninguna parte de las que se están reponiendo antes de que tomen firmeza. Ha quitado de sí todo deseo, y el rechazo lo ha puesto solo en lo que depende de nosotros y es contrario a la naturaleza.

Yo pensaba a veces que para él había sido más fácil. La necesidad le había obligado a actuar de esta forma, a educarse en este sentido. No llevaba razón, aunque él nos contaba que los mismos impedimentos siempre pueden ser tomados como motivo de progreso… Otras veces me conmovía al imaginar su vida, aquella de esclavo sometido a los caprichos y cambios de ánimo del amo. Los golpes que hubo de recibir estoicamente, al cuerpo y al alma; el verse manumitido sin recursos y agradecido a las argucias de la naturaleza que en forma de amigos vino a ayudarle; el verse expulsado de Roma con los otros filósofos cuando gobernaba Domiciano; su necesidad de buscar un aposento en la tierra hasta que enraizó en Nicópolis; la misma pobreza, no se quejaba, en la que transcurría su vida… El camino de los desterrados, en este caso sin recursos.

Me era más difícil de entender su sufrimiento al no haberlo experimentado en carne propia. Los milagros del afecto permitieron acercarme a su persona, comprenderlo. Le hablé en alguna ocasión del mérito, de su mérito por el camino realizado y el puerto de llegada. Me miraba con un cierto brillo en los ojillos, pero al momento volvía a su reposo.

¡Qué difícil recoger en palabras los gestos de una vida! Al principio de nuestro encuentro estaba ensimismado en mí, en mi egoísmo, en mi importancia, ciego a él, ciego a los otros. Me dijo que perdería la venda, así llamaba a mi egoísmo, si era mi intención y mi destino. ¡Qué fácil sentirse importante cuando la vida sonríe desde el nacimiento! ¡Qué difícil verle al principio! Entendí luego lo de la venda, ver a través de una neblina. Cuando fue deshilachándose la venda, me fue más fácil verle tal cual era.

Decidí, poco a poco, las luces aparecen y tardan un tiempo en tener el suficiente brillo para que puedan orientarnos, recoger sus enseñanzas para la posteridad. No desde mi percepción, sí limpiamente, con sus mismas palabras. Él no quiso escribir. ¿Sabía? ¡Claro! Prefería, sin embargo, respirar cada momento, y expresarse en sus conversaciones.

Apreciaba de él sobre todo la integridad, o la coherencia, en que transcurría su vida. La libertad de que hablaba era un hecho. Aprendí también sobre la libertad. Pretendemos ser más de lo que somos. Pretendemos ser libres de una manera mal entendida. Nos creemos dueños si nos dejamos llevar por nuestras ocurrencias sin conocer su origen. No todas las ocurrencias valen, él lo decía a menudo, por esto la conveniencia de analizarlas. Daba importancia al análisis de las representaciones, al análisis racional de las opiniones, de los impulsos, de los deseos... *Nuestra libertad no viene de ahí, no somos libres si nos dejamos llevar. Somos, más bien, esclavos... de tantas cosas y muchas de ellas externas...* Me resultó muy curioso el día en que tuve conciencia de este hecho. *No somos nuestros dueños, sólo del asentimiento o el rechazo. Manda nuestra conciencia, el regente interior. De natural tenemos la tendencia a adecuarnos a los ritmos de la naturaleza, a aprobar lo bueno y rechazar lo dañino...* Nos orientaba el maestro a distinguir la voz de nuestro regente interno, hay muchas en nuestra conciencia, propias o ajenas, nuestras o ecos, de ahí su insistencia en la reflexión.

Le preguntamos -el papel del alumno es este de comprender, de que le encajen todas las piezas- sobre el origen de tantas confusiones como habitan en nosotros. Supo darnos respuesta, también. *No toda educación es buena* -decía-. *Muchas veces nos educan desde los ecos, el prestigio social, el qué dirán, los deseos insatisfechos... Las voces y los ecos, ahí está la esencia.*

Le pregunté sobre su educación en concreto. Sin padres. *No me educaron mis padres. En las casas que estuve, afortunadamente ricas, había varios esclavos. Algunos me acogieron como hijo. Estos no me educaron en la mentira, al menos en lo referente a los afectos. No tenían otro afán más allá de ser libres. Algunos descubrieron, verdaderos padres para mí en más de un sentido, que la libertad en la esclavitud es posible. Me enseñaron que la verdadera libertad es independiente de la situación externa. No sólo con las palabras, pude verlo en sus actos. Viví con naturalidad esto. Quedó en mí en germen. Musonio Rufo puso las palabras a esta vivencia. Entonces comprendí. No me importó qué doctrina era. ¡Qué más daba! Daba respuesta a mis dudas y mis anhelos. Puedo decirte que la Vida surge más fácil cuando se vive humildemente...* Esto no lo comprendí del todo, al principio. Al final todo estaba relacionado. Su doctrina era cierta...

Miro mis anotaciones y cada mirada es una nueva luz que tiene resonancias, en mí. Necesitamos comprender. Sólo cada uno conoce la medida de sus exigencias. Seguimos hablando de la libertad, y de cómo la verdadera consiste en acomodarse, enmarcarse en la vida de la naturaleza. Y el acomodo a la naturaleza sucede primero en el silencio; no exige las palabras, tampoco la música... Desde fuera, alguien no instruido, puede pensar en las inconveniencias de la soledad, o de adentrarse en un camino no trillado, virgen para uno, ajeno a las rutas que han marcado los otros. Desde fuera ¡se opinan tantas cosas, tantas opiniones inciertas! Desde fuera se mira al sabio como alguien que no es de este mundo, tal vez como un anacoreta. No es cierto. No era su caso. Sí es cierto que vivía acorde a sus circunstancias. Sí es cierto que en otras circunstancias su vida no sería muy distinta, esto que decimos del disfrutar de cada respiración y expresarse en cada una de las conversaciones, este juego de palabras y escuchas.

Estamos hilando un tapiz que dibuje su vida, esto pretendo. Me doy cuenta de cómo iba rompiendo esquemas, personas como él están fuera de marco, no se entienden. Fíjate en estas palabras, suyas, que ahora te muestro: *Bastaría con que, cuando estés solo lo llames tranquilidad y libertad y te consideres semejante a los dioses, y cuando estés con muchos no lo llames muchedumbre, alboroto ni molestia, sino fiesta y romería, y así lo aceptes todo con gusto. ¿Cuál es el castigo para los que no lo aceptan? Ser como son.*

Me emociono ahora, sin remedio. Un Maestro. ¡Qué difícil encontrar en la vida un Maestro! Emociona sentirse querido y aceptado. Emociona sentirse respetado. Emociona ese no sentirse juzgado que alienta la verdadera libertad. No es fácil llegar a esta disposición. Me cuentan que muchos cristianos, esa doctrina que se está extendiendo por todos los rincones del imperio, tienen vivencias semejantes, que ellos asocian a Cristo, y al Espíritu Santo. Y pienso que valen todos los caminos si el puerto de llegada es el mismo...

Querido lector, dejo a tu inteligencia la respuesta a esta pregunta...

Mi maestro no estaba interesado en la política. Apuntaba también de ella, sin embargo. Entiendo ahora cómo ciertos emperadores no admiten la filosofía en sus territorios. Una manera de entender como la que él mostraba sacaba del egoísmo y abría a la Ciudad, o al Estado, como quieras llamarlo. *Hablaba del ciudadano* -le notaba aquí resonancias de los filósofos que le aparecían como modelos, ciudadanos de la Polis, ahora es más difícil- *instruido, aquel que en la ciudad no busca según su propio interés, sino que en sus deliberaciones siempre tiene en mente el todo.* Ideal, pensé cuando le oía hablar en estos términos. Para él ¡era tan fácil! Desde su mirada limpia -entiendo- le costaba concebir las vidas como eran y seguirán siendo la de casi todos los hombres, perennemente enfrascadas en el dominio de lo exterior o ajeno, convencidos de que este es el camino de la felicidad.

Decía, ya lo he señalado de otra manera, que *nos distingue de los animales la razón, y gracias a ella entendemos que somos ciudadanos del mundo, al estar dotados de razón todos los hombres y por tanto pertenecientes al mismo orden divino.* Claro, ¿cómo aplicar esto a los bárbaros? No entendía como los bárbaros a estos mismos que consideramos los romanos, los ajenos al Imperio. Para él bárbaro tenía el significado de ignorante, inculto, incivilizado... se daba también en el pueblo de Roma y en los pueblos romanizados. No ignorante de saberes, sí de esta forma de vida verdadera que sólo busca en sí y encuentra. No juzgaba más allá de la simple constatación o el comentario, incluso este decir le incomodaba. *No soy nadie para juzgar la vida de los otros* - decía.

La bondad que existía en su persona necesitaba mostrarse, salir a la luz... Su vida, ahora pienso que la vida de cada cual tiene que ver con esta tendencia general a expresar lo que somos de fondo se vaya realizando. Ya lo decía el maestro Aristóteles... Adoptó un niño, un chiquillo huérfano que llegó a su casa en los huesos. Y al mismo tiempo se buscó esposa, o compañera. Esto hizo su vida un poco más plácida, acostumbrado como estaba a la soledad que, sin costarle, le ocupaba cuando no estaba inmersos en sus lecciones y sus conversaciones.

Le miraba el chiquillo, Agatón, con ojos encandilados. La gratitud produce estos gestos, más si la acogida no es sólo de nombre. Le miraba y trataba Irene, así se llamaba su compañera, con especial ternura. En la última parte de su vida tuvo una familia de verdad. Me decía que uno ha de estar abierto a las circunstancias, no tanto para prever, que es tan difícil, sino para aceptar tal como llegan desde esta voz interior inalienable que llamaba el regente. Me dijo alguna vez que apenas se sentía solo, *cuando uno está de verdad consigo mismo, y ese fondo latente del que emana nuestra vida, la soledad es un regalo para disfrutarse quedamente.* También decía que la compañía que le había deparado Fortuna era un magnífico presente que valoraba, cómo no, y había abierto su corazón a vivencias nuevas, todas ellas bienvenidas.

Piensan en nosotros los estoicos como seres impasibles, incapaces de emoción. ¡Qué equivocada esta representación! Puedo negarlo desde mi experiencia en su trato, o en el trato de otros que se decían seguidores de la doctrina. Puedo afirmar lo contrario desde mi propia experiencia personal. Ahora mismo, ¡y en cuantos momentos!, me emociono al revivir sus gestos y sus frases.

Me da la sensación de que termino esta semblanza de mi Maestro y la dejo reposar... Aparecen al cabo de un tiempo nuevas representaciones a mi ánimo que exigen ser atendidas. Es el afecto que le profeso; también, ahora me doy cuenta, mi deseo de que otros conozcan, tal vez tú, querido lector, el significado de las palabras verdaderas que se convierten con cierto esfuerzo en una manera de vivir más satisfactoria, más en su sitio, más en su centro. Entiendo que puede tachárseme de proselitismo; pueden decirlo en parte, mi deseo no es otro que beneficiar a quien encuentre provecho en estas enseñanzas. Me sentiré contento si, cuando vaya diciendo las últimas palabras hoy, quede en mí la impresión de haber cumplido mi meta lo mejor posible en el presente.

Hablaba a veces de la *vida como un drama. Y nosotros actores. Y nuestra función consiste en representar lo mejor posible el papel que se nos ha adjudicado.* ¡Pueden sacarse tantas consecuencias de esta convicción! *¡Tantas veces queremos vivir una vida que no es la nuestra! Hasta que llega* *un día, espero que a cada cual le llegue cuanto antes, en que se entiende y admite el personaje... Sólo entonces comenzará a fluir adecuadamente la representación. Viviremos entonces ajustados al personaje, a nosotros mismos, teniendo claro que solo se nos pide -nos pedimos- nos ajustemos a la Obra. Equivocado está quien quiera que la obra se ajuste al personaje. ¡Es imposible!, y motivo de la mayor parte de las tristezas. Hay quien quiere ser protagonista en la representación, sin darse cuenta de que el protagonismo no se mide por la cantidad de las intervenciones ni por el papel principal, sino por la calidad de la interpretación... Cada cual tiene como tarea ser el mejor protagonista en su papel, y mal anda quien compara su posición en la obra con la de los otros...* Nos decía esto... Saca tú, querido lector, las enseñanzas...

Me gustaría terminar con una anotación de las que he recogido de su boca para que perduren. *¿Para cuándo dejas el considerarte digno de lo mejor y el no transgredir en nada la capacidad de discernimiento de la razón? Has recibido los principios a los que debías adherirte y te has adherido a ellos. ¿A qué maestro sigues esperando para poner en sus manos el llevar a cabo tu corrección?*

Tal vez el maestro, ahora, seas tú mismo...

Las enseñanzas de los sabios, II

Bibliografía

La redacción de este libro es, ante todo, un ejercicio de placer y aprendizaje. Nada tiene que ver con los intentos de demostrar lo que se sabe para el progreso en el escalafón académico, que nunca me ha interesado. Por eso dejo una pequeña bibliografía sobre los libros que me han servido de aprendizaje e inspiración a la hora de construir cada uno de los capítulos, sin mención la editorial, el año de la publicación, la edición usada u otros datos que tendrían sentido se pretendiera un ejercicio académico; no me interesa el conocimiento y la expresión milimétricos de cada una de las ideas manejadas por los autores. Me interesa la vida que fluye por el interior del lenguaje.

Te dejo las referencias, querida lectora (persona), por si pudiera interesarte progresar en el camino que los relatos dejan vislumbrar…

Te dejo el autor y algunos de mis accesos a su vida y sus descubrimientos…

- Para Heráclito:
    - *Fragmentos*, de Heráclito.
    - *Vidas y opiniones de los filósofos ilustres*, de Diógenes Laercio.
    - *Los filósofos presocráticos*, de G. S. Kirk y J. E. Raven.
    - *Los filósofos presocráticos*, de A.A.V.V.
    - *Heráclito*, de F. Copleston.
    - *Heráclito*, de G. Colli.
    - *Paideia*, de Werner Jaeger.
    - *Filosofía y mística*, de Salvador Paniker.
- Para Platón:
    - *Obras completas*.
    - *Paideia*, de Werner Jaeger.
    - *El pensamiento de Platón*, de G. M. A. Grube.

- *Platón el político*, de G. Colli.
- *Platón*, de G. Reale.
- Para Aristóteles:
  - *Obras completas.*
  - *Aristóteles*, de Werner Jaeger.
  - *Introducción a Aristóteles*, de G. Reale.
  - *Aristóteles*, de Jesús Mosterín.
- Para Zuang Zi:
  - *Zuang Zi, Maestro Chuang Tse*, V.V.A.A.
  - *La vida cotidiana en la Antigua China* (artículo).
  - *El camino del Tao*, de Allan Watts.
  - *Filosofía perenne*, de Aldous Huxley.
  - *El camino de Chuang Tzu*, de Thomas Merton.
  - *Chuang Tzu*, de Octavio Paz.
- Para L. A. Séneca:
  - *Obras completas.*
  - *Séneca: la sabiduría del imperio*, de Alberto Monterroso.
  - *Séneca*, de María Zambrano.
- Para Jesús:
  - *Nuevo testamento.*
  - *Los evangelios apócrifos.*
  - *Los evangelios gnósticos*, de Elaine Pagels.
  - *Jesús. Aproximación histórica*, de José Antonio Pagola.
  - *Vida y misterios de Jesús de Nazaret*, de José L. Martín Descalzo.
  - *Jesús de Nazaret*, de Benedicto XVI.
- Para Epicteto:
  - *Manual de vida y Disertaciones*, por Flavio Arriano.
  - *¿Qué es la filosofía antigua?*, de Pierre Hadot.
  - *Ejercicios espirituales y filosofía antigua*, de Pierre Hadot.

Agradecimientos

Sigo con la gratitud a Maite, mi esposa... Y a Alejandro y Jaime, mis hijos... También a mis hermanos, de sangre o no...

Cuánto agradezco a Juan Matías, mi cuñado, su precisa y atenta revisión formal, y sus consejos en materia de Historia.

Víctor M. Bocanegra, mi amigo, tiene mucho que ver con el hecho de mi escritura. Él empezó primero y, por este mecanismo de la identificación, alentó que, por fin, decidiera abandonarme a este deseo tan mío.

Antonio Iglesias, mi compañero y amigo, a quien tanto agradezco su humor sano, ha revisado también con detenimiento los aspectos de la Lengua, en la que es especialista.

María Jesús Arija, mi compañera y amiga, hizo una revisión con propuestas que se perdió por el camino... Pero sí me han llegado sus sugerencias para el relato sobre Jesús. Ella es Teóloga.

Juan Miguel Romero, mi compañero y amigo, me ha nutrido con su entusiasmo en el conocimiento, sus preguntas que se han convertido en respuestas mostradas en el libro, y me ha sugerido esta idea de incluir la bibliografía.

Benjamín García Soriano, mi maestro, tiene mucho que ver también con esto, por la bondad de su corazón, por su aliento para la reflexión diaria...

Juan María Suárez Periáñez, mi amigo y compañero en el estudio de la Filosofía, ha recorrido a lo largo de la vida un camino paralelo al mío, este que lleva a entender el mundo tal como debe ser, natural y humano. Le agradezco su disponibilidad y dedicación a la hora de preparar la presentación del libro...

Rocío del Mar Castellano Domínguez, mantiene con nosotros una relación de amistad que va más allá de nuestras personas, gestada en sus padres y mis suegros, sus padrinos. Le agradezco su disponibilidad cálida, como es ella, y la presentación que ha hecho del manuscrito este…

… Y cómo agradezco a tantos y tantas de vosotras con los que convivo en el día a día, en el Instituto o en la calle, vuestros detalles de calidad humana… que hacen crecer ésta…